0～7歲 培育華德福教育

Waldorf Education for children ages 0-7

懂得愛、欣賞美、愛閱讀、身心健康的快樂孩子

華德福教育的實踐者 **吳蓓**——著

作家梭羅說：「我驚嘆這樣一個事實，樹在開始的時候長得越慢，它的核心長得越強壯！」我們不希望孩子過早成熟，在幼兒期就催促發芽生長，這樣會像迅速長成的木材，質地鬆軟、易壞。我們寧願孩子開始的時候長慢慢的，好像在艱難的掙扎著，才能長得結實和完美。孩子的生命有一種內在的秩序和結構，如果家長、老師能充分保護孩子內在的生命，而不是人為地修枝剪葉、人為地強加外在的秩序和結構，這就是最好的教育。

目錄

第二部份 教育的路

推薦序

教育的本質

第一次認識吳蓓老師是多年前小兒子從大陸帶回的簡體字翻譯書「學校是一段旅程——華德福教師手記（吳蓓譯）」。現在再拜讀由吳蓓老師親自寫的辦園經過及從事華德福教學的心路歷程，心中感慨萬千，充滿了感動與敬佩。因為我從事幼教工作至今三十七年，一路走來可說峰迴路轉柳暗花明又一村，終於找到源頭讓我毅然決然放下過往從新創園實施華德福教育，回想十六年前剛開始時也和吳蓓老師一樣只有兩位老師和助理的小孩，就這樣一路走來一如初發心，對華德福的信念更加堅定。誠如書中作者親身經歷心靈的提升與描繪孩子們的成長，可以看出她所提到的華德福教育不僅僅是辦個幼稚園，它還是和平、友愛、希望的象徵。

吳蓓老師不但應用從英國所學華德福理念來陪伴孩子們生活作息之外也和家長們一起成長，並不時邀請中西不同文化資深學者到園輔導，其精進、宏觀、謙遜、智慧堪為教育工作者學習的榜樣。她將學校的所有活動以實際例子結合理論和資深學者的建議和觀點呈現給讀者作為華德福教學的參考。

最令人敬佩的是吳蓓老師她以祥和、內在生命的角度和觀點回答二十七個有關華德福教學的問題，她站在民族文化、校園條件、當地地理環境、幼兒個別差異、當下偶發狀況、正信和正念……，提出合情合理中肯的見解，把許多有關華德福教學的迷思抽絲剝繭的指引後輩正確的思考方法。

最後吳蓓老師說明每個班級的孩子、老師都有其個別差異性，遇到問題並傾聽別人建議的同時，我們不妨自己去嘗試解決，解決問題的關鍵，在於我們如何把握住華德福教育的本質，並一再強調華德福教育不可陷入僵化的框架。所以說華德福教育很符合中國傳統思想——中庸之道。

（臺北市私立光目華德福幼兒園　園長　邱麗玉）

自從二〇〇七年七月我離開幼稚園後，經常有外地的幼稚園的老師邀請我去辦講座或指導，我有了充足的時間四處走訪、觀園，接觸到不少熱心的家長和幼稚園的老師。幾年下來，我訪問過三十多個實踐華德福教育的家庭園，我沒有精力做到對每一個園都有求必應，透過寫作，我把看到的一些現象、感想和思考，奉獻出來供大家參考。

雖然從事幼稚教育許多年，但我幾乎沒有當過在班導師。在辦幼稚園的二年時間裡，我作為助理老師，主要帶新生或比較具有挑戰的孩子。

二〇一一年我和其他機構合作辦起了夏令營和秋令營，親自帶領一群孩子，他們的年齡從四歲至十二歲不等，和小學階段孩子的來往，幫助我認識到幼兒階段的重要性。孩子的成長具有不可逆性，一旦做錯了，很難彌補。比如家長給孩子無節制的吃些垃圾食品——零食或大魚大肉，等孩子成了胖孩童，後悔也來不及了。或者給幼小的孩子無節制的看電視、玩電腦，孩子上癮了，無法專心讀書，父母開始著急，悔不該當初。一位五歲的男孩，著迷於玩平板電腦，當父親意識到孩子狀態不對，就規定每天只能玩五分鐘，而這五分鐘讓孩子格外緊張，每次都會尿濕褲子。父親問該怎麼辦？

類似這樣的例子還很多，這使我有一種迫切感，要盡我所能的告訴家長，如何看待孩子？如何保護孩子的身心健康？我分享的觀點和做法，不一定適合每個孩子，重要的是促使家長去思考，選擇有益自己孩子的方式。

隨著原書出版合同到期，我把這本書變成二本，一本關於幼兒教育的，一本關於小學教育的。這次再版，我本來是想做些刪減，可是讀的時候，不知刪去哪些部分為好。似乎每一段都是整體中不可分割的一部分，乾脆交由編輯去決定了。

經常有讀者告訴我，他們是看了我的書，才知道華德福教育，還說我的書如何影響了他們。回想我寫周記或文章的時候，只是如實道來，平鋪直述。

非常榮幸的是我的這本書能夠在臺灣出版。記得第一次和臺灣人面對面，還是在英國學習華德福教育時，班上有一位臺灣同學。我很想知道，同為炎黃子孫，由於歷史原因，造成我們成長的社會環境不同，以致成人後，會產生哪些差異？

我最願意做一名普通的老師，整天和一群孩子在一起，就像老母雞守護著一群小雞。二〇一三年九月開始，我做了小學一年級的老師，現在已經是二年級了，班上有二十多個精力旺盛的孩子。

曾經在網上看到，臨終前人們最為後悔的是，沒有去做自己想做的事情。我做了自己想做的事情，人生就沒有遺憾了。

吳蓓　二〇一五年四月十一日

前言

0到7歲的幼兒發展

華德福教育體系流傳西方已經有八十多年的歷史，二〇〇一年至二〇〇三年我在英國的愛默生學院學習華德福教育，當我即將結束留學生涯時，有一個問題始終縈繞心中，究竟怎樣的幼稚園或學校才能算作是華德福教育？例如，是否華德福幼稚園一律不能使用塑膠玩具和用具？有沒有統一的標準？

很幸運地，我遇到了英國華德福協會的負責人馬丁•洛森（Martyn Rawson），他告訴我，華德福教育誕生在西方國家，當它傳播到其他文化背景的國家時，一定要和當地的實際情況和文化傳統結合，每個地方都應該有自己的鮮明特色，但不變的是對孩子發展規律的理解，每個學校、每位老師可以盡情發揮想像力和創造力。他的話令我留下很深的印象，**華德福教育沒有硬性的框架，而是要求老師深入地掌握華德福教育的兒童發展觀。**

華德福教育把人的發展分為七年一個階段，認為人有身、心、靈（body、soul、spirit）三個組成部分，心靈層面包括三個功能：思考、情感及意志（Thinking、feeling、willing），思考包含著理性思維、形象思維。情感包括了感官知覺、七情六慾。意志力可以是動物式的本能反應，也可以是捨己救人的高尚行為。它們分別與人體的三個系統相關聯：思考與大腦和神經系統對應、情感與心臟和循環系統對應、意志與肢體和新陳代謝系統對應。

下面我參考華德福教育有關的書籍，介紹0至7歲的孩子身心成長的特徵。

7歲前的孩子，從嬰兒期手腳亂動，漸漸變得有規律、有目的；從幼兒牙牙學語的階段，漸漸發出清晰、正確的語音；從笨手笨腳，逐漸成為舉手投足之間的細膩。到了7歲左右，會結束完整的「器官形成過程」，使身體成為可以靈活運用的「工具」，為將來的生命成長奠定基礎。

孩子和成年人最大的差別，就是成人雖然也會活動，必要的時候也會跑、跳、踢，但大腦的思維比較活躍，所以可以坐著滔滔不絕地說上二個小時，他們可以一動不動地思考一個問題，當決定做某件事情時，無論他多麼不情願，還是會說服自己一定要去做。但是幼兒的四肢卻幾乎一刻不停地要活動，他的活潑、好動來自生命成長的需要，如果他不能充分地得到身體活動的滿足，就會產生對呼吸系統、消化系統、免疫系統的負面影響。這個階段，孩子的身體健康是頭等重要的大事。

在生命最初的七年，是四肢的發展在形成作用，而不是腦神經系統，生命力是在身體行動的意志上，而不是頭腦的思考上。**當身體需要能量成長發育時，盡可能不要開發智力、不要干擾大**

腦，因為當大腦的生理發展還沒有成熟就提前使用，會阻礙它的完善。就好像是一間還在建造的房子，急急忙忙把傢俱搬進去，只會弄得亂七八糟，所以華德福教育提倡給予孩子充分地去做、去體驗的空間和時間，藉此發展孩子的意志力。如果我們把孩子生命成長的能量從手腳轉移到大腦，本來應該動手做的年齡，卻在用腦；應該是形象思維的年齡，卻變成了理性的概念式思考，短期來看，孩子學到不少知識，長期來看，他很可能成為一個消極的人，對生活缺乏熱情，缺乏創造力和想像力。

這個階段的孩子，他的學習方式是透過模仿，他們有與生俱來的模仿能力。外界事物在孩子的身體內留下印象，再由內向外表現出來。馬丁•洛森在《解放孩子的潛能》一書中寫道：「孩子透過感覺接觸外界的同時，也把外界吸收進來，認同他對外界的印象。對於幼小的孩子來說，他們做他們看見的，他們成為他們所體驗的。」7歲前的孩子只要聽見任何聲音或看到任何動作，他就有一種在模仿過程中去感受的渴望，他們不僅僅模仿成人的語言和動作，甚至我們的潛意識，也是孩子形成自我的泉源，如果父母尊重別人、富有同情心，孩子也會成為這樣的人！

對幼兒來說，周圍的人和環境才是真正對他們有深遠影響的因素，兒童是一個完全的感官體，對於人們留在他內心的任何印象他都會有所反應，因此最基本的教育原則是：不要認為孩子可能透過理性來學習事物的是非與好，而是要瞭解我們在孩子四周的所作所為，都會深入他的身體、心靈、精神，內化成他自己的一部分。一個小生命的健康與否，正與我們成人的思想和行為息息相關，兒童的性格、興趣的發展，都與周圍的人和環境密不可分。

0到7歲孩子的發展，又可分為以下三個階段：

一、0～3**歲的幼兒喜歡模仿大人的動作**。比如媽媽在廚房做飯，他（她）跟著模仿，媽媽切菜，他要切菜，他不問你在做什麼？我能幫忙嗎？或你能教我切菜嗎？這時媽媽最好給孩子一把玩具刀，既不會割破手指，又滿足孩子動手的願望。孩子的走路和說話也是透過模仿學來的，如果一個孩子從小和狼一起生活，他就不會直立走路，也不會開口說話。

二、3～5**歲，幼兒的想像力和記憶力開始出現**。經常是看到什麼，想到什麼，例如把一些日常用品想像為其他東西，如把筷子想像成魔術棍、一塊石頭可以是小船、餅乾、小床……等，想像具有偶然性，但想像的東西是生活中見到過的。由於想像隨時受外界影響而反應出來，幼兒的遊戲無序、多變，想像會持續2年，漸漸轉化為思考，他會開發發現每件事的意義，例如煮飯是為了吃。

三、5～7**歲的孩子在做和玩中開始思考，開始做有計劃的遊戲**。他們會先有一個想法：「我要開救護車。」然後去找能假裝是救護車的玩具，去找小朋友當病人，自己當司機。我的老師埃瑞卡的孩子，曾提出要做一台電視機，這對於幼兒來說是件不可能的事，但埃瑞卡沒有對孩子說：「不！這不可能！」而是幫助孩子去實現夢想，這個過程能激發孩子的想像力和創造力，這比真的做出一台電視機更重要。

0～7歲是人的一生中最重要的發展時期，做父母的如果能夠順應孩子的生長需要，小心的呵護嬌嫩的小生命，那麼就能為孩子的未來幸福奠定了基礎。但不要忘記，若想教育好你的孩子，首先要教育好自己，因為孩子毫無保留地接受來自父母的一切，既包括流露出來的言談舉止，也包括潛藏於內心的潛意識。孩子生活在成人潛意識中，他們沒有防禦能力，華德福創始人——魯道夫・斯坦納，就會要求老師，你不希望孩子做的事情或動作，自己就不能做；你不希望孩子有的念頭，自己就不能有。

CHAPTER 1

回顧

和平的象徵

經過三個月的認真準備，在許多家長的邀請和支持下，我創辦了北京第一個華德福家庭園。試開園的時候，雖然明明知道自身有許多的不足、教室佈置還很欠缺，但畢竟這是一個嘗試的機會，雖然我們只有二個孩子，而且其中一位還是老師的孩子，但我們還是決定開始進行！

遠在美國的華德福中文老師郁甯遠，特地翻譯了一首詩慶賀我們開園：

這一天，清晨的陽光照臨萬物，
在她的觸摸下，鳥的合唱帶來第一聲問候，
隨著她們快樂的歌聲，
所有環繞的樹木和朋友都在復甦。

誰還沒有得到快樂和自由的歌聲，
依然可以得到充滿旋律的禮物，
請用自己的方式加入歌聲，
和這個恢宏壯觀的清晨。

嘹亮的歌聲，最終像火焰一樣升騰，
從樹林、田野，小溪、池塘，
從所有創世的土地，
請聽那讚頌的歌唱在天地間迴盪。

我們用自己的雙手一鏟一鏟地挖出了沙坑、一針一線縫製了玩具，甚至也自己鋸木頭、釘釘子。值得炫耀的是，我們買來一個舊的巨大櫃子放在戶外，一位路過的男人說：「四個男人也別想把它搬進房間」，但我們四位媽媽卻赤手空拳把它搬進了臥室。我們堅信只要心中有愛，就會想出錦囊妙計，就能實現夢想。

資深的華德福老師天明（Tammy），利用中秋節的三天假期，專程從香港趕到北京來幫助我們。開園後，陸陸續續有家長來參觀，然而我們左顧右盼，過了很多天，還是沒有一位家長決定要把孩子送到我們園內，我坐臥不安，像是熱鍋上的螞蟻，急得團團轉，我記得那天打了四個半小時的電話，想盡一切辦法招生。過幾天，我到機場接加藤訓子（Kuniko）老師，她的到來讓我平靜了許多，之後我們園內共收了四個孩子，我的心情開始明亮起來。

我是在英國留學時遇到加藤訓子，她六十多歲了還在不停地學習，得知我辦了華德福幼稚園，專程來看望我們。加藤訓子當過二十年的幼稚園老師，又自己創辦了二十年的私立小學。她最早的記憶是一九四五年三歲的時候，美國人扔的炸彈炸毀了她家的房子，那時她腦海中出現一個問題：「為什麼會發生這種事情？」她說她的一生都在尋找答案，當她已經是六十歲老人的時候，她遇到了華德福教育。她的親身經歷和耳聞目睹，使她覺得華德福教育能為世界帶來和平的希望，於是她積極參加華德福教育的活動，熱心幫助年輕一代。

加藤訓子雖然身為日本人，但她強烈譴責日本的天皇制度，強烈譴責日本發動的侵略戰爭，她說如果類似的事情再次發生，她一定會公開疾呼「停止戰爭！」，即使被關進監獄她也在所不惜。她的經歷和追求深深打動著我，**深深體會華德福教育不僅僅是辦個幼稚園，它還是和平、友愛、希望的象徵。**

加藤訓子連續三天來我們幼稚園，她帶著我們唱日本兒歌、彈五音琴，為我們做手工、包餃子、帶孩子玩、做窗花，有一次她看到有位孩子跑得快，老師沒有跟上，她急得連鞋子也沒有穿，就衝出去把他叫回來。她還餵年齡最小的孩子吃飯並哄她睡覺，她說她能聽懂她說的日本話。每天孩子午睡後，也堅持替我們上人際交流課，她認為老師、員工之間的交流，老師和孩子之間的交流實在是太重要了。的確，自辦園以來我深有體會，僅僅有理想、有熱情還遠遠不夠，還得有一定的方法。**每個人都有一扇通往內心世界的門，如果我們不能打開這扇門，不是對方有問題，而是我們沒有找到那扇門。**

這周是十月，因為國慶日放假所以時間很長，我們成功舉辦了首次華德福親子活動，出乎意料，參加的家長大約有二十多位，孩子有十多位，園內氣氛祥和、溫暖、友好。園內的老師積極準備著活動，雖然早晨活動時，有些孩子注意力分散、東跑西跑，但捏蜂蠟時，孩子們圍在老師身旁，中間點燃著一支蠟燭，他們全神貫注地一邊聽老師講故事，一邊捏著蜂蠟，周圍站著觀看的家長，全部的人都被深深吸引和感動。

無論對於幼稚園，還是對於我們個人，都是第一次經歷親子活動，家長們的反應堅定了我們的信心，他們說：「我們喜歡你們幼稚園的氣氛，非常溫馨。」、「雖然你們的幼稚園玩具不多，但正因為你們的簡單，我們才喜歡。」、「希望你們以後多舉辦這樣的親子活動。」還有家長迫不及待地想把一歲五個月的孩子送過來呢！

我最感謝的就是老師們的辛勤付出，這周她們每天工作十個小時以上，其中有位老師很年輕，還沒有當過媽媽，可是她對孩子的耐心，讓我常常感到困惑，她無限的耐心是從哪裡來的？在和人交往的過程中，我們學到某些法則、某種言之有理的說法，但一定要有靈活性，因為每個人是不同的，不能把人際交往的法則變成物理規律，套用在任何情況下。這恰恰是教育是門藝術的原因，這也是對老師的最大挑戰，任何教條或書本知識都沒有絕對的用處，這是最令教育工作者著迷之處，因為我們面對的是千差萬別的個體，是不斷變化、成長著的孩子。

華德福格言：

每個人都有一扇通往內心世界的門，如果我們不能打開這扇門，不是對方有問題，而是我們沒有找到那扇門。

像家一樣溫暖

有一天，我發現有個孩子沒有換上室內鞋就進教室了，我要求他把脫下的鞋放好，穿上室內鞋再進去。等到孩子的午休時間，我們針對這個問題展開了討論，孩子剛入園時，老師要求孩子們把脫下的鞋擺放好，再穿上室內的鞋，但在孩子還沒有完全養成習慣之前，就沒有這麼急迫要求，所以老師一疏忽，孩子們馬上隨隨便便。怎樣培養孩子良好的行為習慣？某位老師建議每周培養一個習慣，比如這周的重點，就是孩子從戶外進教室之前要換鞋。這個建議立即得到採納，雖然孩子們還不能自覺的做到，但老師們沒有放鬆要求，而是一遍遍地勸說孩子，直到他們把鞋子擺放好，穿上室內鞋為止。

我們幼稚園目前的重點是讓每位孩子吃好、睡好、玩好，讓他們高高興興地來幼稚園，高高興興地回家。我們還要注意孩子交往過程中出現的衝突、爭執，幫助他們學會和不同的孩子共同玩耍、友好相處，並幫助孩子們養成良好的生活習慣和生活自理能力。

某天為了哄小孩睡覺，我差點失去耐心，我已經陪她在外面蹓躂了半個小時，可是無論怎麼哄，她都吵著要找媽媽，當時我急得真想發脾氣，可是轉念一想，她是別人的孩子，我怎麼能對別人的孩子發脾氣呢？當她終於在我的懷裡睡著時，我意識到幼稚園的老師必須比媽媽還要有耐心，因為這麼小的孩子，媽媽把他們託付給我們，我們就得讓孩子們感覺到幼稚園也像家一樣溫暖。媽媽可以對孩子發脾氣，但老師不可以。

過了幾天，那位孩子不再吵鬧著要找媽媽，吃飽飯後玩耍一會兒，老師用溫柔的聲音講故事給她聽，她就慢慢的睡著了。這周她吃飯的時候，不肯讓老師餵，硬是要自己吃，飯菜撒得一地都是，但是我們尊重她的意願，讓她在嘗試和失敗中學習，有時她高興起來會「啊！啊！」的叫，她的歡樂感染了在場的每個人。

有天早上的點心是喝牛奶，某個孩子一口也不肯喝，怎麼勸說也不見效，於是我把他的碗拿走，我說：「如果你不喝牛奶，就不能吃柚子。」我們僵持了好一陣子，最後他同意把牛奶喝了。事後我才知道，原來早上他在家裡已經喝過了牛奶，雖然我是好心想讓他喝點牛奶，但也許可以換個方法，例如問問他是否願意喝白開水？而不是一味地堅持讓他喝牛奶。**大人總是出於對孩子的健康考慮，要求孩子該如何，但孩子不願意的時候，是否應該換個方法，而不是用強迫的方式。**

在每位老師的堅持不懈下，幼稚園的生活節奏漸漸建立起來，孩子們知道什麼時候該做什麼。例如吃飯前，老師還沒有坐下來，他們就會把兩隻小手握住，準備唱飯前的感恩歌；週五到遊樂場玩，老師沒有做早晨活動，孩子們就會問：「早晨活動呢？」每天在某個固定的時間做同樣的事情，是華德福教育的特色之一，規律與重複能帶給孩子們安全和秩序感。

接下來的幾天，幼稚園不斷有家長想來訪問，北師大的研究生也要來參觀，我都婉拒了，我想等到美國資深華德福老師卡洛琳（Caroline）來過後，再讓家長來參觀。因為我們距離華德福教育的理想還很遙遠，千萬別把眼前看到的一切都當成是華德福教育，無論哪種教育理論或模式，出發點都是為了孩子的身心健康，只是採取的方式有所不同而已，究竟哪種教育模式最適合孩子，只能透過實踐來觀察。

華德福格言：

幼稚園老師必須比媽媽還要有耐心，因為這麼小的孩子，媽媽把他們託付給我們，我們就得讓孩子們感覺到幼稚園也像家一樣溫暖。

把母愛給予每個孩子

園內老師們要處理的最大問題，就是如何解決孩子之間的衝突，有些人認為孩子之間發生的事情，讓他們自己去解決，他們從中會學到怎樣與他人相處，但實際的情況是我們必須考慮孩子的年齡、性格、性別，還有新生、舊生之間的差別。比如男孩的動作比較莽撞，而女孩比較嬌嫩、敏感，常常是男孩把女孩弄哭、年齡大的把年齡小的孩子弄哭，這種時候如果老師順其自然，讓孩子自己去解決，就會對受傷害的孩子留下陰影，傷害別人的孩子也不知道自己做錯了。那這樣該怎麼辦？身為老師，怎樣把公平、公正、平等的至高原則充分地體現出來？

園內有位孩子，同時也是我們老師的小孩，常有人會問「這位老師能做到對所有的孩子一視同仁嗎？」開園至今，只要有人提出她的某個做法涉嫌偏愛自己的孩子，她就會馬上糾正，例如她抱著自己的孩子洗手，卻沒有抱年齡較大的孩子時（雖然她可以說因為洗手檯過高），但為了避免不必要的猜疑，她會立即改過來。外出時，她也會一手抱著其他孩子，一手牽著自己的孩子，我覺得她已經做到把母愛給予每個孩子。

除了給予孩子如同母親般的關愛之外，**如何讓孩子在學習中建立行為規範，也是華德福很重要的理念之一**。華德福教育強調老師要引導孩子，建立出行為規範，但是我們園內目前四個孩子，年齡分別為四歲、二歲七個月、二歲半、一歲十個月，人數少、孩子年紀小，老師該怎麼引導他們？我寫信給成都華德福幼稚園的園長詢問，她回答：「老師可以當著孩子的面，在地上鋪一塊布，擺上幾塊石頭和木頭、幾個小偶人，演一個小小的簡單故事，自己編的也可以，孩子就會模仿而參與，當每個孩子都進來玩的時候，老師就悄悄的離開。」

華德福教育一方面主張給予孩子自由的時間和空間，另一方面卻又強調給予孩子秩序和約束。每次自主遊戲結束後，老師要帶著孩子把玩具收拾好，但我發現僅靠老師的行動還不夠，有的孩子就是不收拾怎麼辦？有位老師說，老師自己不要有太多的期待，為了教育孩子或帶動孩子而收拾的想法是不可取的，老師自己要很享受收拾工作的重要性，孩子看著看著便會一起來收拾，甚至可以加一點想像力在裡面，例如跟孩子說：「小小搬運工們，你們該搬運木頭回倉庫囉……等」。

剛入園的時候，有個孩子和大家一起坐在椅子上，參與早晨活動，可是過沒二天她就坐不住了，有時哭著找媽媽，有時到一旁自己玩，老師會把她抱回來，她不肯就用哭聲表示抗議。我看了有些著急，她年紀這麼小還沒辦法講道理，而別的孩子看見她東走西走，也想跟她一樣怎麼辦？但過了一周後，我發現她參與早晨活動時不再哭鬧，偶爾會站起來一會，然後又坐下。不知道是早晨活動的氣氛吸引住了她，還是因為模仿作用？

我在英國的華德福幼稚園曾看到，只要條件容許，廚房就會陳設在教室裡，每天上午由一位助教負責做點心，然後會有一至二位孩子和老師一起揉麵團。我的英國老師說：「二至三歲的幼兒，他們特別喜歡模仿大人的動作，例如媽媽在廚房做飯，他就跟著模仿，媽媽切菜，他要切菜，他不會問你在做什麼？我能幫忙嗎？或是你能教我切菜嗎？這時媽媽最好給孩子一把玩具刀，既不會割破手指，又滿足孩子動手的願望。」因為**成人的一舉一動都對孩子有影響，任何時候應該優先考慮孩子的需要。**

華德福格言：

有些人認為孩子之間發生的事情，讓他們自己去解決，他們從中會學到怎樣與他人相處，但實際的情況是我們必須考慮孩子的年齡、性格、性別來解決問題。

思念

這周我們園內的孩子人數降到3人，老師們都很思念那位離去的孩子，望著沙坑裡玩耍的孩子少了一個小小的身影，有位老師說：「當幼稚園的老師，就要毫無保留把全部的愛給孩子，把別人的孩子當成是自己的孩子一樣，可是現在我發現也許不能這麼做，因為孩子們總有一天要離開我們，到那時心裡割捨不下怎麼辦？」

雖然心裡很思念離園的孩子，但老師們還是必須調整好自己的心態，顧好剩下的孩子們。這幾天遇到了一個情況，有位孩子把別的孩子弄哭了，老師堅持讓他向同學道歉，幾天後孩子們的哭聲減少了，孩子之間也相處的很融洽。有些家長認為勉強孩子道歉不會有效果，反而會加深孩子之間的嫌隙，但是我認為**一個孩子欺負了別的孩子，無論有意或無意，也無論出於什麼原因，老師一定要有明確的態度，堅持讓做錯事情的孩子道歉，或讓他感覺到這麼做是不對的，才是正確的教育方式。**

美國心理學家班杜拉曾在一九六五年做過一項實驗，他讓幼兒觀看成人攻擊不倒翁的電視短片，短片有三種不同的版本：第一個是成人攻擊不倒翁後，得到獎賞；第二個是成人受到訓斥、懲罰；第三個是既沒有獎賞，也沒有批評、責備。幼兒分為三組，每組看一個版本，然後將三組幼兒放在與電視短片很相似的房間裡，裡面有許多不倒翁。結果發現，觀看第一和第三個版本的幼兒，都模仿了短片中成年人的攻擊行為，而觀看第二個版本的幼兒沒有表現出攻擊行為，這說明幼兒能從觀察別人的行為中進行學習，老師對有攻擊行為的孩子進行制止，同時也會給別的孩子施加正確的影響。如果老師不聞不問或輕描淡寫，只會助長孩子的不良行為，使整個班級難以管理。

責備孩子的時候，一定要注意只能針對他的某個行為，而不是針對孩子本身來責備。例如一個孩子把鞋子放在餐桌上，老師就要嚴肅地告訴他：「鞋子應該放到哪裡？不能把鞋子放在吃飯用的桌子上。」千萬不能說：「你這個孩子怎麼不懂事？誰像你這樣把鞋子放到餐桌上？」小孩不知道社會行為的規範，需要成人幫助他去建立，他們做事通常不會有任何惡意或不良企圖，他只是在試探、滿足好奇心。成人制止他的某些行為，同時也是在保護他，例如不能攀爬有危險的欄杆以免發生意外，不能隨便亂扔垃圾、不能隨便推人……這既是在保護環境和他人，也是在保護這個孩子，因為如果可以隨便推人的話，別人也會隨便推他。

責備時的聲音要沉著、嚴厲、堅定，而說話嚴厲的程度則要看孩子的年齡來決定，如果是一歲多的孩子把鞋子放在餐桌上，成人的說話態度就要溫和，畢竟他還太小、不懂規矩。**責備過後，老師在適當的時候，要給予孩子很多的愛，讓他感覺到老師非常愛他，**就像媽媽有時也會嚴厲地批評孩子，但孩子為什麼還是依戀媽媽呢？因為孩子知道無論他做錯了什麼，媽媽還是最愛他，老師也應該這樣，無論孩子做了什麼錯事，對他的愛都要一如既往。

我在英國時，曾上過一個月的英語強化班，老師讓我們用三種不同的語氣說同一句話，當時我覺得挺好玩，像是在訓練演員，現在我意識到語氣在傳達意思過程中的重要性，對於教育工作者尤其要引起注意。當早上孩子來園裡，老師要用熱情飽滿的聲音向孩子問候：「××，早上好！」當孩子第一次沒有換室內鞋就跑進教室時，老師要用溫和、平靜的聲音告訴他，進教室之前要換鞋並做示範，或幫助他換鞋。當孩子打人或接近危險物時，老師要立即用嚴厲、堅定的聲音加以制止。

培訓華德福老師的必修課之一是怎樣講話（speech），課堂上老師讓每個人寫一個詞描述曾打動過自己的聲音，並寫一個詞描述幼稚園老師應具備的聲音，概括起來必須有：平靜、安寧、溫暖、親切、權威、愉快……這幾種。因為孩子對我們語言背後的態度很敏感，如果真心地愛孩子，說話的內容、語氣和聲調必然會有以上的品質，說出的話能反應出我們內心的真實。孩子會透過我們說話時的表情、動作來理解我們，成人是真誠還是虛偽，孩子心裡都明白，即使他們說不出來。

華德福格言：

責備孩子的時候，一定要注意只能針對他的某個行為，而不是針對孩子本身來責備，聲音要沉著、嚴厲、堅定，而說話嚴厲的程度則要視孩子的年齡來決定。

美來自她的內心

大教育家福祿貝爾認為，孩子周圍的「每一個環境本身」應當是純潔的、明朗的，清新的空氣、明亮的光線、清潔的房間，儘管這房間中的設備通常可能是簡陋的。因此乾淨、整潔的環境和清新的空氣是幼稚園教育不可分割的一部分，會給孩子帶來長遠的良好影響，如果孩子整日生活在髒、亂、差的環境中，他們也會變得髒、亂、差。

我們規定從這周開始，每周五為清潔日，早上八點半到九點由全體老師打掃衛生，主要清潔椅子、門，老師的工作是孩子模仿的榜樣。德國資深華德福幼稚園老師Freya Jaffka曾說：「每個正常發展的兒童，會以充滿工作的成人世界為榜樣，從中接受到自己遊戲與行為舉止的刺激、啟示，幼教老師在做任何一件工作時，都應該意識到孩子的存在。」

華德福幼稚園要求老師做事情時，要創造一覽無遺的工作過程，讓孩子隨時輕易地加入進來。在工作與活動之前，還要做好事先的計畫與安排，井然有序、按部就班地把事情做好，直到把一切收拾完為止。老師要保持平靜的心情進行工作，不匆忙、不急躁，不能顯得無精打采，要保持愉快的心情，同時還得留意各個角落發生的事情，讓孩子覺得老師沒有忘記他們。同一份工作最好能連續重複幾天，並且在一天中固定的時間進行，而不是隨心所欲。**因為規律和重複會增**

加孩子的安全感和信任感，而且讓孩子有足夠的時間重複模仿與練習（註）。

園內的老師每周要給孩子寫觀察報告，觀察報告只能用描述或陳述的方式寫出孩子在幼稚園一周的基本情況，不能加上老師個人的主觀判斷。例如一個孩子經常有攻擊行為，老師可以描述事情發生的經過，但不能下結論說這個孩子品德不好；又例如某個孩子做錯了一件事情，老師絕對不能斷定這個孩子缺乏是非判斷能力。

福祿貝爾認為，從幼兒的外表直接推斷他們的內在本質，這是生活和教育常常犯錯誤的根本原因，因為有時外表看來和善的兒童，其內心往往並不善；同樣地，外表粗暴、固執、任性，看來不和善的兒童，往往在內心自發地對善的表現抱有最熱心的、最強烈的追求。幼兒正在成長，所以不能按照成人的標準去下結論。

園內有位老師住在幼稚園裡，每天早上要做早餐，還要為孩子們的到來做準備工作。下午5點關園後，她要等到每個孩子都接走後，開始收拾打掃所有的房間，清理所有的垃圾，消毒、拖地等等，幾乎每天都要忙到7點多才能休息。那位老師的年輕活力、任勞任怨和對幼兒事業的執著，讓我相信一個人的優秀品質，會從外在形象中有所流露，而她的美應該是來自於她的內心。

＊註：參考Freya Jaffka著、鄧麗君譯《幼兒的工作與遊戲》。

華德福格言：

規律和重複會增加孩子的安全感和信任感，而且讓孩子有足夠的時間重複模仿與練習。

愛是永不止息

這周園內新來了四個孩子，使得幼稚園熱鬧起來，老師們也開始振奮起來，投入到新的挑戰中。一位剛送孩子來的家長，看到孩子哭泣的時候說：「再哭老師不喜歡你了。」我們希望家長最好不要這麼說，因為當孩子到一個陌生環境還不能適應時，家長應該要多陪孩子幾天，不要將孩子一開始就放在園內一整天，應該用轉移注意力的方式，分散孩子的情緒波動後，再慢慢增加孩子待在園內的時間，如果用恐嚇的方式來制止孩子的哭泣，只會增加孩子的不安感。

我們園裡有7個孩子了，這裡面沒有一個孩子的性格、脾氣完全一樣，有的孩子活潑好動、有的安靜膽小、有的生性敏感、有的大喇喇，無論孩子是怎樣的性格、怎樣的行為習慣，幼稚園老師應該要沒有區別地愛每一個孩子。如果我們以母親的胸懷愛每個孩子，就不會因為某個孩子吃飯不好好吃、某個孩子經常搶別人的玩具、某個孩子經常把褲子尿濕了，就心生不滿和排斥，或者因為某個孩子討人喜歡，而對他有所偏愛。

有一位來訪的家長問：「華德福教育提倡回歸自然，你們的院子這麼小，怎麼回歸自然？」我認為回歸自然有多層含義，而不僅僅是到大自然去。

首先，華德福教育提倡飲食回歸自然，我當初留學的愛默生學院，以及我在英國參觀過的華德福幼稚園、小學，他們所有的食品都來自生態農業，並且只要條件容許，一定會有個菜園，因為到田裡種菜也是課程的一部分內容。一九九九年我隨自然之友代表團訪問德國時，一位生態農場的主人告訴我們，在德國最早提倡並實踐生態農業的人是魯道夫・斯坦納，他就是華德福教育的創始人。

其次，園內要盡量使用天然材料做的玩具、傢俱、用具，並且力行節約。華德福幼稚園或學校的有機垃圾全部用於做堆肥，我會在廁所的水箱裡放一個裝滿水的瓶子，這樣每次沖馬桶時，可以節約一點水，甚至還會多次利用洗菜水來沖馬桶。除此之外，我們大力提倡老師要親手替孩子做玩具、煮飯，讓孩子們看到一件事情是怎樣一步步完成的。

我們十分重視節日的慶典活動，而且每天會有足夠的時間在戶外活動。英國的華德福幼稚園，孩子每天在園內的時間是四個小時，其中有一個小時會在戶外活動。而且，我們不讓孩子看電視、不用多餘的電子產品，曾參加我們親子活動的一位家長說，我們園內的親子活動是老師唱歌，不給孩子過度的感官刺激，整體氣氛安詳寧靜，這也是她喜歡我們的原因之一。

我想引用聖經裡的一段話作為這周的心情：「愛是恆久忍耐，又有恩慈，愛是不嫉妒。愛是不自誇、不張狂，不做害羞的事。不求自己的益處，不輕易發怒，不計算人的惡，不喜歡不義，只喜歡真理，凡事包容，凡事相信，凡事盼望，凡事忍耐，愛是永不止息。」一粒種子埋在地裡，我們看不見它，但我相信只要耐心地澆灌，總有一天小小的嫩芽會破土而出。我們用愛心滋養孩子、用愛心來澆灌幼稚園，某一天嫩芽一定會破土而出，美麗的鮮花一定會突然綻放。

華德福格言：

當孩子到一個陌生環境還不能適應時，家長應該要多陪孩子幾天，不要將孩子一開始就放在園內一整天，應該用轉移注意力的方式，分散孩子的情緒波動後，再慢慢增加孩子待在園內的時間。

心懷感恩

美國資深華德福幼稚園老師卡洛琳，這周終於抵達我們的幼稚園，她渾身上下散發出慈祥、平靜、優雅的氣質，我不由自主地喜歡上她。她擔任華德福小學老師五年、幼稚園老師十七年，在她身上浸透著華德福教育理念的影響。

我曾問日本同學加藤訓子，為什麼她認為華德福教育可以為世界帶來和平，她說因為無論她到哪裡參觀學習，從事華德福教育的人總是給她留下極其美好的印象，他們善良、友愛、無私地奉獻。在新西蘭，加藤訓子遇到一位華德福老師，她告訴加藤訓子，她對家長很少談論華德福教育如何，而是問家長：「我能幫你做什麼？」

華德福幼稚園的另一個原則是「少說多做」，因為幼兒學習的主要方式是模仿周圍的成人，卡洛琳告訴我們，老師就像演員站在舞臺上，她的一舉一動都被觀眾們（孩子們）看到，在家裡可以隨隨便便、想怎樣就怎樣，但在幼稚園裡就要時時刻刻意識到，孩子正在注視著她。華德福教育的創始人——魯道夫・斯坦納，認為孩子透過觀察我們來學習，老師和家長都是孩子的榜樣，他們的言談舉止、心態，將給孩子帶來長期的影響，不僅影響孩子的心理，也會影響孩子內部器官的發育。舉例來說，一位脾氣暴躁的父親，他的怒火會滲透到孩子的身體裡面，因為幼小的孩子「會將所見所聞吸收進去，他對成人行為的好壞並沒有判斷能力和選擇能力，他跟隨著成人的一舉一動而生活」。

當孩子之間發生衝突時，老師要盡量不用言詞去批評孩子，而是把打人的孩子抱住、安撫，讓他平靜下來。**華德福教育盡量避免對幼兒口頭說教，而是透過肢體動作來緩和孩子的衝動，因為「說和聽」是在用腦，過於理智，不適用於幼小的孩子，他們還不能像成人一樣理解言語的含義。**

這周為了慶祝感恩節的活動，卡洛琳帶領我們全體幼稚園的老師和一位家長表演了線偶戲，雖然感恩節是美國的傳統節日，但在中國文化中也充滿著感恩的思想。明賢法師說每個人、每個動物都和我們有千絲萬縷的聯繫，在生生死死的輪迴中，我們討厭的某個人，前世可能是我們的一位親人，因此佛教中的感恩超越了時間和空間的限制，不僅對幫助過我們的人心懷感恩，對於那些素不相識的人、對於所有的生命，都要心懷感恩。

華德福教育的創始人——魯道夫・斯坦納再三強調，必須在七歲之前培養幼兒的感恩、敬畏之心，他認為幼小的時候，**若能對比自己更高的存在合掌祈禱，並心懷敬畏，這樣的孩子長大後，一定將擁有更大的魄力。**

華德福格言：

老師就像演員一樣站在舞臺上，一舉一動都被觀眾們（孩子們）看到，在家裡可以隨隨便便、想怎樣就怎樣，但在學校裡就要時時刻刻意識到，他們的言談舉止、心態，將為孩子帶來長期的影響。

假如我的生命是一首歌

資深華德福幼稚園老師卡洛琳，抵達我們的幼稚園後，開始教導一些我們平常會疏忽的問題。例如有些孩子在玩耍過程中，會變得異常興奮、激動、東跑西跑，這時老師不要訓斥孩子：「不許叫！」、「不許跑！」，老師應該觀察並找到孩子興奮的原因，可能孩子正在假裝是一匹奔跑的馬，老師可以把某處想像為馬廄，請「馬」休息一下，喝點水、吃點飼料。**華德福教育主張把孩子從不良行為中引開，不是靠說教或單純的阻止，而是靠轉化，靠老師的想像力和創造力把孩子的注意力轉移到別的事情中。**

幼稚園孩子的午睡也是個問題，午飯後半小時，孩子們就可以上床睡覺了，但是由於年齡差別大，有的孩子午飯後，一個小時都不肯睡覺。有位家長曾向我們提出，孩子沒有睡意，就讓他（她）玩玩，還可以到院子裡玩沙，曬曬太陽可能會促使孩子睡覺。卡洛琳老師則說，在她的幼稚園，午飯後每個孩子必須上床睡覺，即使睡不著也沒有關係，但孩子們必須知道這是午睡時間。於是從這周開始，我們也規定十二點三十分所有孩子必須上床睡覺，最遲兩點四十五分喚醒還在睡的孩子，如果有的孩子實在睡不著或醒得早，就讓他先起床。

除此之外，吃飯的時候，老師也盡量不要說話，要鼓勵孩子專心用餐。辦幼稚園之前，我曾提出吃飯時不許說話，但遭到反對，理由是吃飯應該是輕鬆交談的時候，如果不許說話，氣氛太嚴肅了。我說服不了反對者，現在卡洛琳每天和我們一起用餐，遇到有人說話時，她會嚴肅地勸道：「噓！噓！」

有的時候，孩子喝水或喝湯時，偶爾會把水或湯灑出來，老師就得去廚房拿抹布。卡洛琳告訴我們，老師要有先見之明，事先預料到需要抹布，所以喝水或吃飯前，要把抹布放在桌子上，不能等到水灑了，才起身進廚房拿。一旦圍著餐桌坐好，班導師就不能離開孩子，如果真的需要什麼東西，可以請助理老師幫忙，因為班導師除了去洗手間外，一刻不能離開孩子。外出活動時，班導師要帶個背包，裡面有乾淨的褲子、毛巾、急救藥、手機……等，不能等到事情發生了，才想到需要什麼。

卡洛琳還特別強調，**凡是老師要求孩子做到的事情，老師必須先做到**，例如天冷了，孩子外出要戴帽子，老師們一定也得戴上帽子或用圍巾把頭包住。吃飯的時候，如果嘴裡有飯，老師就不能說話，因為我們要求孩子做到嘴裡有飯時不說話。

以前，孩子在玩耍時，我們會在一旁趁機談論一些事情，卡洛琳說這是絕對不容許的，成人的言談會干擾孩子的自主遊戲，她要求**在幼稚園工作的每個人學會保持安靜，以免成年人的喋喋不休對孩子產生噪音，破壞了孩子想像力的發揮。**

接下來的幾天我們和卡洛琳老師，一起成功地舉辦了華德福幼兒教育培訓班，我回想起以前待在英國的情景，當時我已經決定第二年回國，但回國後做什麼呢？重新找一份教師工作，每月有穩定的收入，業餘時間寫作或翻譯華德福教育的文章，還是全身心的投入到華德福教育在中國的發展？如果選擇了自由職業，我靠什麼來維持生計？耶誕節前，我在華德福學校觀看學生們的演出，他們的歌聲讓我感動得熱淚盈眶，平日調皮搗蛋的孩子們此時就像是天使降臨人間，他們純淨、優美的歌聲，把我帶到了另一個世界，我暗暗下決心，不管將來我會遇到什麼樣的困難，一定要把華德福教育介紹給中國的家長和老師們。

這是華德福學校三年級的學生們唱的一首歌，也是我的心聲：

假如我的生命是一首歌，
是一首來自光明的歌，
我就要唱、不停的唱，
直到星星圍起圓圈，
在夜晚的天空上跳起舞。

華德福格言：

華德福教育主張把孩子從不良行為中引開，不是靠説教或單純的阻止，而是靠轉化，靠老師的想像力和創造力把孩子的注意力轉移到別的事情中。

自由與約束

園內有些老師認為，把園內兩個房間的門關上（其中一間是臥室），不許孩子進出（除了去廁所），這樣是對孩子的不尊重，室內所有的地方應該都是屬於孩子們的自由空間，於是我們讓孩子在所有空間裡自由進行。卡洛琳老師見狀說：「恕我直言，你們不能讓孩子自由出入每個房間，臥室是睡覺的地方，不能讓孩子隨意進出。客廳是早晨活動、用餐的地方，不是玩耍的地方，你們要固定一個遊戲的房間，上午自主遊戲時間，讓孩子們就集中在遊戲室內，而班導師要寸步不離地守在孩子們身旁」。

每個房間的功能都明確規劃好，這樣有助於孩子建立秩序感和紀律感，也便於老師時刻和孩子在一起。如果每個房間任孩子進出，三個房間、一個客廳，就需要四個老師才能照顧到所有的孩子，這是不可能的。卡洛琳老師強調「自由」是在一定界限範圍內的自由，不是無法無天、胡作非為的自由，是尊重與愛的自由，是發自對孩子深入理解後，給予孩子的自由，這種自由才能滋養孩子的身體和心靈，如果缺少了成人的溫柔保護和制約，孩子的成長會失去方向。

我在英國參觀過一至八年級華德福學校的班級，個別班級上課時，學生吵鬧得很厲害，有位老師告訴我，這種現象不僅僅和帶班老師有關，也和父母的教養方式有關。上個世紀六〇年代，西方社會出現了一連串反對戰爭、核武器和環境破壞的抗議行動，把西方國家推向一個反權威主義的教育時代，這使得那一代的孩子在不知所措中任其發展。目前這群小學生的父母就是在反權威思潮中被撫養長大的，他們從小缺少約束，也就不知道該怎樣約束自己的孩子，如何在自由與約束之間尋求平衡，又能顧及到每個孩子的個體差異，是每個家長與老師要學會的課題。

我想到有位家長，他為每天早上孩子穿衣的問題煩惱，孩子在好幾件衣服中選來選去，一耽誤就是半小時，怎麼辦？我建議只容許在兩件衣服中選一件，不能讓他習慣於好幾件衣服裡挑一件，或者前一天晚上先把第二天早上要穿的衣服選好。隨著社會的進步，現在人們的生活條件提昇了，多買一雙手套、衣服，家長不太在意花多少錢，只要孩子高興就可以了。但是請想一下，世界上有多少孩子連基本的溫飽都沒辦法解決，地球資源有限，我們還有子孫後代要生活在地球上，我們的生活應該要盡量減少不必要的浪費，以身作則教育孩子珍惜每一粒米飯、每一滴水、每一件衣服，這也是我們想要教導孩子的思想。

華德福格言：

給予孩子的自由，必須出自於尊重與愛，發自對孩子的深入理解，這樣的自由才能滋養孩子的身體和心靈，如果缺少成人的溫柔保護和制約，孩子的成長會失去方向。

堅守規則

卡洛琳老師再過幾天就要回美國了，令她最擔心的事情，就是我們還沒有建立起完善的規則、沒有明確的生活規律或節奏。我們原定早上八點吃早餐，可是很少有孩子能準時到來，這樣不僅對準備早餐的老師帶來極大的工作量，還會影響孩子自主遊戲的時間，自主遊戲就是自由遊戲，是讓孩子盡情發揮想像力和創造力，在保證安全和不打鬧的前提下，想怎麼玩就怎麼玩的時間。

考慮到家長很難一下適應孩子的入園時間，於是我打電話通知家長，八點十五分準時開飯，請提前來園，如果八點半以後來園，很抱歉我們不再提供早餐。卡洛琳得知後，認為留下十五分鐘的早餐緩衝時間並不是正確的作法，因為園內必須有明確的規定和界限，**華德福幼稚園是建立在有規律或有節奏的生活基礎上，家長要配合幼稚園的工作，幫助孩子適應幼稚園的節奏，而不是幼稚園一味地遷就家長的隨心所欲。**

除此之外，卡洛琳發現有的家庭任憑孩子想晚上幾點睡覺，就幾點睡覺。有時八點半上床，有時九點，有時甚至十點才上床，這是不妥當的。為了說明有規律或有生活節奏的重要性，在此我引用《解放孩子潛能》一書中的片段，作者是一位資深的華德福教育專家（註）。

「現代人有一種不同於古代人的意識，我們想成為有個性的人，掌握自己的生活，擺脫傳統社會的制約，在很大的程度上，我們已經不受外部自然節奏的制約，但我們的身體卻為此付出了高昂的代價。無論父母做出什麼樣的犧牲，給孩子的生活節奏是很重要的，孩子可以在節奏中茁壯成長。童年期，有節奏的家庭生活、學習過程的節奏，對孩子未來生活的影響不可估量。節奏使他們身體健壯、精神健康，並具有康復能力，就像給了孩子一個可再生的能量源，使他們有能力應付生活中的變化，甚至成人生活中的混亂。

從出生到長大，睡眠和吃飯是最基本的節奏，若能形成得越早越好，在沒有對孩子產生危害的情況下，建立起節奏是很重要的。」

於是我寫了一封給家長的通知，大意是說：「華德福幼稚園是建立在有規律生活的基礎上，我們希望孩子生活在規律中，並參加所有的活動。我們懇請家長按時送孩子入園、按時接孩子離園，因為有規律的生活會讓孩子受益終生。我們原定早上八點開飯，鑑於目前情況，暫時改為八點十五準時開飯。如果你的孩子八點二十才到園內，請原諒，我們不再提供早餐。」我仍然保留了五分鐘的早餐緩衝時間，如果孩子真的晚來六分鐘就不能吃早飯了嗎？卡洛琳說：「是的，必須這樣，**規則一旦制定好了，絕對不能改來改去，必須執行。**」

我發現規則建立得越早越好，孩子剛入園，還不太熟悉周圍的人和環境，及時地、漸漸地讓孩子明白幼稚園的規則，比一個月以後，再去要求他容易得多。無論是吃飯還是吃點心，卡洛琳要求每個人的座位要固定，尤其是老師的座位，於是我們仔細認真地討論了老師坐在什麼位置上，才最為方便照顧到絕大多數的孩子；哪些孩子應該緊鄰著哪位老師、哪些孩子吃飯時不需要太多的照顧，就可以坐得離老師遠一些。卡洛琳老師說，別以為花一個多小時討論座位是浪費時間，**華德福幼稚園所做的一切都是精心考慮過、事先計畫好的。**

有天中午，一位孩子午餐後到廚房送碗，見到我在廚房，他問我：「我可以在這裡吃嗎？」他碗裡有剩菜，我認為把剩菜吃掉是件好事，就同意了。卡洛琳看見了，就問我為什麼他會在廚房吃飯，我說：「他想在廚房吃。」結果我便遭受到她的批評，她說：「我一再強調食物不能離開餐桌，你們都同意了，**既然規則確定了，就不能改變，絕對不能因為孩子想在廚房吃，就同意他這麼做。**孩子必須遵守幼稚園的規則，**如果今天同意這個孩子打破規則，明天就會有其他孩子打破規則，這裡制定的規則就形同虛設。**」還有一次，我被卡洛琳老師嚴肅批評，因為我站在門口，和一位送孩子來的媽媽談論請她為幼稚園幫忙的事情。卡洛琳老師覺得我們的聲音太大了，她說：「成人應該尊重為幼兒創設的安靜環境。」

剛來園裡幫忙的時候，卡洛琳常問一句話：「下一步你們做什麼？」她要求每一分鐘都是安排好的，不能讓孩子糊裡糊塗，不知道該做什麼。她說不能浪費一分鐘，**雖然每一分鐘都是安排好的，但並不是代表孩子沒有自由，而是老師心裡要明白在這個時段孩子該做什麼。**例如孩子從戶外遊玩回到園裡時，有的孩子動作快，先換完室內鞋就知道該去洗手，必須讓他們養成習慣，而且不需要老師的提醒，就清楚知道下一步該做什麼。

看來即使懂得規則的重要性，知道有哪些規則，但真正把它們落實到每一個環節中，落實到每一分鐘，我還需要時刻警覺、不懈地努力。

＊註：參考Martyn Rawson著作《解放孩子潛能》（人民文學出版社出版）。

華德福格言：

華德福教育是指必須建立在有規律或有節奏的生活基礎上，規則一旦制定好了，絕對不能改來改去，必須執行。

傳統與現代

華德福教育不反對機器化，但是每種進步的背後都有某種犧牲和損失。例如現在許多孩子都看不到媽媽用手洗衣服，用手洗衣服需要一步步的過程，放水、擦肥皂、搓衣服、擰衣服，曬衣服……等，這些過程現在都已被機器取代。

有人批評華德福教育是老掉牙，現在城市裡還能找到幾位媽媽是用手洗衣服的？西方發達國家有幾位農民不用機器耕作？其實，正是因為傳統的生活方式漸漸遠離我們，機器取代了我們的一雙手，華德福教育才更加迫切地想把傳統的生活方式，盡可能地在幼稚園和學校再現。為什麼孩子需要看到一件事情完成的過程？因為年幼的孩子是透過模仿來學習，如果我們身邊的一切事情由機器來做，食物買現成的、衣服由洗衣機來洗，大人在家裡大部分時間在看電視……等，想像一下小孩子看到父母一動不動地坐著，他能從中學到什麼？

英國的埃瑞卡老師說，幼稚園的老師必須每天擦灰塵、掃地、收拾、拖地，讓孩子看到老師的日常家務勞動，這樣孩子才會模仿，才會有要做事情的動力，如果老師只會用嘴巴講課，孩子觀察不到怎樣去做事情。一些幼稚園只會讓孩子學彈鋼琴、學英語、學電腦、學認字、算術，卻幾乎沒有聽到幼稚園要讓孩子學習做家務，或至少沒有以培養孩子做家務作為幼稚園特色，大部分的幼稚園投資並購買最新的玩具，跟隨最新時代潮流，卻丟失了最基本的生活教育。

卡洛琳老師說，由於居住在城市裡，條件的限制使得我們看不到許多事情是怎麼做的，但老師要盡可能地透過歌曲和日常活動，把過程帶給孩子們，除了反應真實生活的歌曲外，還要有結合季節的歌曲、故事、童謠。她做了幾十年的華德福教育，但仍然認為自己距離華德福的教育理想還有一段路程，雖然**華德福教育不是世界上最著名的教育，但如果你深入瞭解下去的話，它會影響你的一生**。她喜歡華德福教育是因為聽了一位小學三年級老師的課，那位老師講的故事沒有圖片、教具、沒有課本，但她至今都還記得那位老師講的是什麼故事，那個故事直接滲透到內心深處，使她終身接納，並獻身於華德福教育。

這天，卡洛琳老師要離開了，她離開我們園區的前一天，在留言本上寫道：

「在你們的幼稚園裡，我受到了熱情的款待，你們每日的會議和培訓班、你們的家長，正在努力帶給孩子們最好的教育。華德福教育能夠滿足每一發展階段的孩子需要，而幼兒期更是非常重要的，想想你們該如何成為孩子們的榜樣？幼兒接受來自環境中的一切，吸收並模仿，老師則是要努力維持每日的和諧節奏，雖然這很不容易，但唯有這樣，孩子才可以有安全感和自信，並富有創造力！」

華德福格言：

傳統的生活方式漸漸遠離我們，機器取代了我們的一雙手，華德福教育才更加迫切地想把傳統的生活方式，盡可能地在幼稚園和學校再現。

當孩子張開雙臂

某天午餐後，我們舉行了一個小小的迎新年慶祝活動，有位老師表演她自編的戲偶故事，看到她緩緩地移動小偶人、模仿故事中人物的動作、生動的敍述，我突然覺得卡洛琳老師還在我們園裡，她還在的時候，幾乎每天都為孩子們演戲偶故事，臨走前還叮囑我們要繼續下去。

透過故事給孩子講道理是一種教學方式，有次一個孩子哭鬧著要吃糖，我告訴他：「老師小時候有一位好朋友叫東東，每天我們一起上學去。他特別愛吃糖，見到叔叔、阿姨就想要糖吃，如果媽媽不給他吃糖，他就大哭大鬧。等到了小學畢業，他因為吃糖太多，胖得連教室的門都進不來了。」孩子聽了破涕為笑。還有一次，有個孩子用手抓飯吃，我說：「老師小時候有個小朋友叫佳佳，他經常用手抓飯吃，怎麼跟他講道理，他都聽不進去。後來他肚子痛得好厲害，不停地哭啊哭，送到醫院一查，原來他的肚子裡長蟲了。醫生給他打針、吃藥，還動了手術。」

當成人的要求和孩子的意圖相反時，盡可能不要和孩子針鋒相對，總能找到合適的解決辦法。例如有個男孩外出活動時，一定要背著他的書包，我說：「背書包就不能外出活動，你必須留在教室裡。」他不肯，又吵又鬧，僵持了一會，我又說：「我幫你保管書包，不讓任何人動你的書包可以嗎？」他點點頭同意了。還有一次，一個男孩不肯穿衣服出去玩，戶外活動時間，原則上所有孩子必須出去，沒有老師專門待在教室看顧孩子。於是我說：「就出去玩五分鐘時間，如果你不想玩了就回來。」他同意了，結果玩起來早忘記了五分鐘時間。我在英國的華德福幼稚園看到，一個孩子不肯縫聖誕襪子，老師說：「再縫六針，你就可以玩了。」結果孩子繼續縫了足足半個小時。

除此之外，孩子有孩子的世界，這是大人必須注意的。有次，一位孩子從外面玩耍回來後，哭哭啼啼，他媽媽說可能是睏了，一個勁地要求孩子別哭，還流露出一些不耐煩。後來媽媽得知孩子只是想要一根樹枝，於是後悔了，這麼一個小小的要求，沒有滿足孩子，卻錯怪了他的哭泣。同樣是這個男孩，有次外出活動時，讓我幫忙給他拿一根樹枝，但是在追趕別的孩子時，我把他的樹枝弄掉了，主要原因是我沒有把樹枝當回事，所以他哭了，媽媽又帶他返回原路把樹枝找回來了。我對這位男孩說：「對不起！」我想下次我**絕不能按照自己的價值觀，來對待孩子心愛的東西，哪怕是一片樹葉、一塊石頭、一根樹枝。**

這周我們幼稚園迎來了第十二位孩子，她還不到二歲半，但從來園的第一天起，她就沒有哭著找媽媽，她媽媽說從小就很注重培養孩子的獨立性，能做的事情自己做。過沒多久，這位孩子便和我熟悉起來，她經常喜歡向我張開雙臂，每次這個時候，我會毫不猶豫地抱起她，我無法拒絕孩子的期待。園內還有位孩子，總是非常投入地玩耍，好像周圍大人都不存在一樣，一開始我覺得他很少注意到我，將近三個月後某天，他竟主動跑過來笑眯眯地對我說：「吳老師好！」或者告訴我他正在做什麼。有一次他見到我剛到園裡，張開雙臂、滿臉笑容，我一下子把他抱了起來，我覺得我被他接受了。

今天我特別有感觸，因為去年這個時候最大的事情，就是創辦了這所幼稚園，我相信曾經歷過的生活中的風風雨雨，能幫助我深入理解人性和自身，無論遇到什麼困難，始終應該懷抱著希望、信心和愛。華德福教育的創始人——魯道夫・斯坦納，說：「我在五十八歲時才得到了領導華德福學校的機會算是一種好運，因為我以前不敢像這幾年這樣去培養一個瞭解小孩天性特點的老師群體。為了培養老師這方面的瞭解所需要的認識，雖然我在三十五年前已經得到了，可是這種精神活力的認識不同於智力的理解。用智力去理解的，只要邏輯上通了，馬上就是一個完整的東西。精神的東西是一個人在成長過程中慢慢地才能使用的。」（註）

＊註：參考魯道夫・斯坦納著、盧安克翻譯《孩子成長的力量》。

華德福格言：

當成人的要求和孩子的意圖相反時，盡可能不要和孩子針鋒相對，總能找到合適的解決辦法。絕不能按照自己的價值觀，來對待孩子心愛的東西，哪怕是一片樹葉、一塊石頭、一根樹枝。

最高的目標

現代城市化的生活，把我們帶離了故土、親人，還使得人與人之間疏遠，通常和我有來往的鄰居只有兩、三戶。自從辦幼稚園後，我連朋友都很少聯繫，可是生活需要我們放慢腳步，和朋友們坐下來，喝喝茶、唱唱歌、聊聊天。**在英國，每逢節日慶典，華德福學校就成為當地社區的中心，校園裡有聚餐、講故事、表演等豐富多彩的活動，到處是喜氣洋洋，**但願我們的幼稚園也能成為家長聯誼活動的中心。

這周我們召開了辦園以來第一次家長會，準確地說是第二次，我記得去年那次我們每位家長至少通知了二遍，卻沒有任何人來。這次家長會前我們很擔心會和上次一樣，除了發通知外，我抓住任何機會提醒家長，幸好當天有八位家長前來，我們先唱了三首歌曲，然後簡單介紹了幼稚園的情況，並請每位家長說說去年最難忘、願意和大家分享的事情。透過每個人的發言，我們增進彼此的瞭解，幼稚園不僅僅是孩子們的家園，也是把父母們聯繫起來的樞紐。

我還有幸請來了田達生老師參加家長會，他是重慶大學退休的德語教授，自從接觸到華德福教育後，便深深地迷戀上了。他把大量的時間和精力放在翻譯華德福書籍上，說到華德福教育的最高目標，田達生老師認為是培養真正自由的人。

我摘錄華德福教育的創始人——魯道夫・斯坦納的一段話：「我們最高的努力是，教育一個人並給予生命意義和方向，因此教育的中樞神經需要有三股力量，即想像力、真理感、責任感。」著名教育家蔡元培先生也說過類似的話：「教育是幫助被教育的人，給他能發展的機會，完成他的人格，於人類文化上能盡一分子的責任，不是把受教育的人，塑造成一種物品器具，給抱有它種目的的人來應用。」魯道夫・斯坦納還說過：「我們不應問一個人生活在當今的社會應具備那些知識和能力，而是問這個人的內在潛能是什麼？以及他的發展方向是什麼？如此，我們才能為社會不斷地注入成長中的年輕一代的新力量，也只有這樣的社會，才是一個有活力的新社會，而不是一個以固有的社會組織形態，要求並改造年輕一代的保守社會」。

華德福教育所宣導和實踐的一切，正是基於這個最高的目標，讓每個受教育者找到自己的生命意義和方向。不能用父母、老師、社會的要求來扼殺孩子的天性，相反地，要順應並引導孩子的天性，幫助孩子健康愉快地成長。

幾年前，我聽過一場某幼稚園的鋼琴演奏會，這間幼稚園展示它所謂的「成功」，例如炫耀幼兒能背多少首唐詩、能認多少個漢字、能做多少位的加減運算、能學多少英語單詞……等，把能夠數量化的東西作為「成功」的標準，這迎合了家長和社會的需求，難道「成功」就是考上北大、清華，考上哈佛、劍橋，或者能夠當上經理、賺到大錢嗎？如果一個孩子沒有這些輝煌想法，他只想當廚師或農夫，難道就是「失敗」？

一個社會所謂「成功」的人畢竟占少數，為什麼要用少數人的標準壓制大多數人？難道孩子的「成功」比他的身心健康更重要嗎？被製造出來的「成功」對未來的孩子成長是禍還是福？華德福幼稚園根據孩子的需要幫助他們成長，而不是根據家長、社會的需要來改造孩子。從華德福幼稚園出來的孩子，可能沒有一項可以量化所謂的「成功」，但他們更快樂、更健康、更自然。

華德福格言：

讓每個受教育者找到自己的生命意義和方向，不能用父母、老師、社會的要求來扼殺孩子的天性，要順應並引導孩子的天性，幫助孩子健康愉快地成長。

爬來爬去

在英國學習華德福幼稚教育時，有節課專門討論嬰兒的爬行，Ken老師說「爬」對正常發育的嬰兒來說，是件自然而然要發生的事，而現在的英國，有些嬰兒卻喪失了爬的發展階段，直接進入站立、行走階段，**這些父母迫不及待地想讓嬰兒練習站立，發展的必經階段被人為阻止或中斷，孩子長大後有可能會出現計算、書寫方面的困難。**Ken老師認識一位八歲男孩，因為調皮又好動，所以小時候常被父母綁在桌椅上，現在他的學習比同齡孩子落後，所以他在幼稚園任教時，每天都會設計一些活動讓幼兒在地上爬來爬去。

六十多歲的南非學生彼得告訴我，十七、十八世紀的英國，由於受宗教影響，認為爬是動物行為，人高於動物，不應該讓嬰兒在地上爬，於是有些人會捆綁嬰兒防止他在地上爬行。我聽完後很驚訝，人創立出的一套理論，不僅沒有幫助嬰幼兒健康發展，反而阻礙、扭曲了育兒最基本的常識。南非學生彼得也認為，**讓幼兒提前認字、寫字、算術，會把孩子引入一個狹窄的智力領域，幼兒需要時間去發展他的幻想和想像，如果想像力得不到充分的滿足，過早用讀、寫、算去壓制，將來會影響孩子的身心健康和創造力。**

東西方的育兒方式有很大的差異，其中一個不同是，中國人會讓孩子與父母、老人睡在一張床上，西方人則主張從嬰兒開始就要有自己的床、自己的房間。這兩派的差異到底誰好、誰壞很難說，長大後出現的問題也很難完全歸罪於過早地擁有自己的房間，但有一點我確信無疑，就是嬰幼兒需要父母的肌膚相觸、需要感受到被擁抱被愛、需要聽到父母的聲音（不是吵架聲）、需要聞到父母的氣味，總之他們需要人的溫暖。

華德福創始人——魯道夫・斯坦納也認為嬰幼兒期，孩子是用感覺器官來認識周圍的世界，母親的擁抱是嬰兒成長階段不可或缺的一個重要的部分，嬰兒會用整個身心感受母愛的溫暖。

華德福格言：

父母迫不及待地想讓嬰兒練習站立，發展的必經階段被人為阻止或中斷，孩子長大後有可能會出現計算、書寫方面的困難。幼兒需要時間去發展他的幻想和想像，如果想像力得不到充分的滿足，將來會影響孩子的身心健康和創造力。

孩子的選擇權

關於孩子的教育，永遠都有學不完的課題。我曾在本書「自由與約束」這篇中提到，給予孩子的選擇不能過多，但闡述得不夠透徹和完整。在《Beyond the Rainbow Bridge》（Barbara J.Patterson And Pamela Bradley）這本專門討論七歲前孩子教育的書中，我很高興發現有這麼一章，截取如下：

我們和孩子的交流要一清二楚，如果我們以提問的方式要求他們，會造成他們的混亂。「把你的衣服掛起來怎麼樣？」或者「現在，你能把衣服穿上嗎？」或者「你願意把鞋子穿上嗎？」這種說話方式的暗示，他們可以選擇要不要服從我們的要求。我兒子大約六歲的時候，有一天我對他說：「難道你不願意打掃你的房間嗎？」他非常煩躁地回答：「如果我說不，你會對我生氣。」

長遠來看，給予孩子的選擇孕育了自我主義，會讓他們變得以自我為中心，對別人的需要不太敏感。給幼兒提供多樣化的選擇，就像給他們的心靈投放一種毒藥，隨著孩子成長，他們也許不想做生活要求他們做的事情，例如：學校的工作、家務勞動。我們和青少年之間的衝突，經常是這種以孩子為中心的養育模式導致的直接後果，沒有比這種投其所好的方式，更加令孩子沒有安全感和不滿了。

有一次我參加Eugene Schwartz（一位有經驗的華德福老師）給家長辦的講座，他幽默地闡述了這種窘境，從孩子早上起來的那一刻，家長就會給予數不清的選擇。

早上好，親愛的。
你想穿什麼衣服？無袖的運動衫，短袖衣服，或長袖衣服？
喇叭裙？粗斜紋棉布裙？或有花的裙子？

短褲和一件襯衫，好的。哪一件？
紅的、藍的、綠的、有條紋的、格子花紋短褲？
背心、套領的、短袖的、長袖襯衫？
有卡通人物的襯衫，或超人、無花紋的？

讓我們來吃早飯，今天你喜歡吃什麼？
桔子汁、草莓汁、葡萄汁，或芒果橘子芭樂汁？
含有果仁、或蜂蜜、或紅糖、或有機水果的格蘭諾拉麥片？

……

供選擇的品種還可以列出更多，當觀眾席裡的家長意識到他們自己正是如此時，爆發出來的笑聲幾乎淹沒了Eugene的聲音，他才說到一半呢！**將名目繁多的選擇加在孩子身上，可能會使他的心理不堪重負而精神失常，還可能會變得以自我為中心。**

卡洛琳老師認為小孩子不能有太多的自我意識，他最好生活在集體意識中，這也是為什麼華德福幼稚園強調規則的原因之一，**如果孩子想怎樣就怎樣，周圍的成人一再遷就他、溺愛他，只會使他越來越考慮自己的需求，而不是向外界開放、關注外面的世界。**卡洛琳老師的話，使我想到有些人從小嬌生慣養，只知道「我要這個、我要那個」，一旦滿足不了就又哭又鬧，家長只得讓步。長期的影響會使孩子漸漸地越來越自我、自私，他們不會考慮別人的需要和痛苦，他們整天想的是要得到什麼、別人如何虧欠了他，而不是付出什麼，如何去幫助別人。

華德福格言：

如果孩子想怎樣就怎樣，周圍的成人一再遷就他、溺愛他，只會使他越來越考慮自己的需求，而不是向外界開放、關注外面的世界。

過年

過年了，幼稚園終於放假了，就像一場演出拉上了帷幕，觀眾離開了劇場，演員感到心滿意足，而我不用一大早去等公車，可以在家裡盡情地享受自由的時光。週末我們邀請家長來參加迎接春節的聯歡活動，請一位老師表演了戲偶，這些戲偶都是老師們利用課餘時間做的，在接觸華德福教育之前，她們不知道玩具可以自己做，但是現在做起玩具來，可是得心應手呢！

我在英國學習的時候，學校專門請了一位老師珍妮（Janni Nichol）為我們講解慶祝節日的意義。珍妮在劍橋華德福幼稚園當老師，她的班級有十八名幼兒，共來自十六個國家，她問家長：「你們還過自己的節日嗎？」絕大多數都搖頭。按照英國的傳統，耶誕節是最重要的節日，珍妮說現在則變成吃、喝、看電視的節日，失去了耶誕節含有的給予和分享的意義，當問及孩子們對耶誕節的印象，孩子們只會說：「收到許許多多的禮物」。

在古代，慶祝節日是家庭、社區生活中最重要、最快樂的事件，為節日準備食物、佈置環境，準備音樂、舞蹈、講故事等等，都是人與人之間相互合作交往的過程。幼稚園裡，珍妮讓幼兒做麵包，隨便他們做出什麼樣子，一起合作烤出來的麵包，小朋友很樂於主動交換品嘗，在過程中自然而然學習給予和分享，不用老師去說教。**在合作中，我們學習表達自己，學習協商、妥**

協、堅持，學習互相尊重，為一個共同目標努力。

珍妮在幼稚園還創造了一個秋天蘋果節，小朋友到果園採收蘋果，一起做蘋果汁、蘋果漿，唱蘋果歌、講蘋果故事，共同品嘗蘋果的美味，陶醉在蘋果甜甜的香氣中。教室的佈置用的是秋天和蘋果的顏色，為了節日這一天，他們準備了整整一個星期，節日當天還請來了一位蘋果阿姨，穿上象徵大蘋果的外套。這樣讓孩子參與蘋果節日的喜慶，觸動了孩子的各種感覺能力，讓孩子親身體會到蘋果和我們生活以及大自然的關係。

珍妮認為在自己的國家，應該要慶祝自己的傳統節日，**透過節日讓孩子們有一種歸屬感，這也是一種傳統文化的教育，因為節日是保留民族文化傳統的一種方式。**我年幼的時候，每逢春節才能穿上新衣服、吃到糖果和豐盛的年夜飯，並到親朋好友家拜年，但是現在生活條件比較好了，任何時候都能買新衣服穿、任何時候都能吃到豐盛的飯菜，那種到了一定的時間，才能做某件事的習俗沒有了，我覺得傳統節日的意義正從我們身邊流逝了。

華德福格言：

透過節日讓孩子們有一種歸屬感，這也是一種傳統文化的教育，因為節日是保留民族文化傳統的一種方式。

生活觀察報告

我知道有些幼稚園每天會給家長一份生活記錄，內容是今天喝水是多、少、還是適中，是否大便、睡眠時間、飯量如何……等。我認為這麼細節的報告，其實沒有太大的保存價值，而且我們幼稚園的孩子少，家長如果想知道都可以口頭詢問老師。

我想到當年我的女兒上幼稚園時，我最想知道的是孩子怎樣和老師、小朋友相處，怎樣玩耍，於是我們園裡每兩周會寫一份孩子的生活觀察報告。有位孩子的父親看到我們寫的觀察報告，十分感動和感慨，他找出幾十年前，他的幼稚園老師寫的觀察報告，然後好幾位媽媽都說，她們會替孩子保管好每一份觀察報告。

我在英國學習華德福教育時，老師讓我到幼稚園觀察過一個孩子三周，每天要做觀察筆記，內容包括十個範圍：

當天氣候

外觀（穿什麼樣的衣服、乾淨嗎？孩子從家裡帶什麼到幼稚園來了？比如食物、玩具。）

身體（均衡、大小、膚色、嗓音等）

運動

說話的習慣和片語的搭配運用
語言的運用（富有想像、合乎常理的反應、辭彙量、單音節詞等）
和其他小朋友的關係，以及和成人的關係
畫一幅這個孩子的畫
收集一幅孩子的繪畫和一幅濕水彩畫
室內外的行為舉止

觀察時，老師會要求我們做到：「**排除一切阻礙觀察孩子真實情況的干擾、擔心、偏見，以及任何形式的推測，不容許把自己的解釋和評價放在孩子身上。**要站在恰到好處的位置上，不能離孩子太近，以至看見的是局部的畫面而受到感情因素的影響；但也不能站得太遠，以至看不清楚，集中不了注意力，模糊了真實情況。」願我站的位置能夠清晰地看見整個孩子的狀況，願我成為無私忘我的人。**老師觀察孩子時，不能有任何的主觀偏見，不能有任何的評判、推測，只能記錄孩子呈現的真實面目。**

我們幼稚園裡老師寫的生活報告，可以舉例兩個例子如下：

①朗朗最近兩周狀態很好，能夠參與到幼稚園每日安排活動中，例如：和老師一起唱歌、和小朋友畫畫等等，並且都很積極。由於孩子處於模仿期，所以會時時刻刻模仿他身邊的動作或語

言，例如：有一個孩子經常會在吃飯時跟老師說：「我不這樣了。」所以也常會聽到他在吃飯時說：「我不這樣了。」有個孩子生氣時，會大聲喊叫，他也會跟著一起大叫。午飯後，老師會幫助清理桌面、地面，他會搶老師手中的抹布、掃帚，後來他知道廚房門後還有一把掃帚，就會自己去拿，和老師一起清理。孩子最明顯的變化，就是不再時刻要求老師陪在身邊了，可以自己去玩，並且可以持續一段時間。當需要老師時，會跑到廚房看看，不一會，又從廚房出來。

②菁菁最近比以前愛說話了，而且說出來的都是較長的句子。有一天早上用餐時，別的小朋友和老師一起進園，她看了一眼說：「媽媽在哪裡呢？」（以前經常說「媽媽呢？」）。遊戲時，孩子能完全參與其中，而且非常高興，若有小朋友搶她玩具時，則會說：「這是菁菁的。」早晨活動她也很喜歡參加，而戶外活動時，她最近喜歡沿著小花園噴水池的邊，一圈一圈地開「火車」。有時嘴裡還高興地叫著，非常開心。她很喜歡吃水果，喝水量適中、飯量適中，挑食情況有了改善。牛奶、豆漿開始喜歡喝了，菜也能吃一些。

華德福格言：

寫孩子的生活觀察報告時，不能有任何的主觀偏見，不能有任何的評判、推測，只能記錄孩子呈現的真實面目，要排除任何形式的推測，更不容許把自己的解釋和評價放在孩子身上。

「教」還是「不教」

去年底，有一位老人來參觀我們的幼稚園，他有一位三歲的小孫女，他問我：「你們教些什麼？」我告訴他，我們每天早上會做早晨活動、講故事，還有各種不同的藝術活動，聽完後他說：「原來你們什麼也不教。」便轉身走了，從此後再也沒有來過，後來也有家長向我們提議，要教孩子英語、音樂、繪畫……等等。

留學英國期間，我在一所華德福幼稚園觀摩實習了三周，帶給我印象最深的是老師從來不教學。華德福幼稚園反對常態的教學，我的老師埃瑞卡舉例說，有兩種教學方式，有一種是「來！我教你們彈琴，大家聽好了。」另一種方式，則是老師在一旁彈琴，孩子們在玩，如果哪個孩子有興趣，便會自己走過來，不是老師要孩子學，而是孩子想主動學，老師提供幫助和引導。華德福幼稚園用的就是後面這種方法。

孩子身上有著最為寶貴的天賦，老師自以為聰明地去教孩子，往往會破壞了孩子內心的本能直覺和衝動。華德福幼稚園從來不教孩子怎樣繪畫，甚至也不要求孩子去畫一間房子或一棵樹，只給孩子提供紙和筆，任他們自由發揮。曾經有人以畫蘋果為例，說明教學方式的不同，同樣都是畫蘋果，大部分老師都是拿一顆蘋果給學生看，全體學生照著老師的標準畫。但是華德福老師可能會講一個和蘋果有關的故事，然後根據自己對蘋果的感受，請每個人畫出心目中的蘋果。這樣畫出的畫，無法比較誰畫得逼真，或誰畫得好，每幅畫都很特別。我在愛默生學習期間，還看到別的班級學生畫酸、甜、苦、辣的感覺。

華德福教育認為，幼兒階段應該著重讓孩子感受音樂，但是不必講解音樂的節奏、強弱、音頻高低，講解的東西要靠孩子的大腦來理解，這樣孩子對音樂的感受就能通達全身心。重要的是讓孩子去感受事物的整體性，而不是把事物分析成局部或碎片，必須要注意的是，華德福教育不是禁止「教」，重要的是怎樣「教」。

現代的教育就像化學農業，給植物各種化肥促長，一年長成的植物，在化肥的作用下，三個月就成熟，但它們的根、莖、葉健康嗎？有誰關心過它們真正的需要？有誰知道它們的痛苦？我們只是看到孩子考試多少分數，卻不知道付出的代價是什麼？我們追求孩子學了哪些知識，卻從不思考這些知識是他們生命成長的養分嗎？作家梭羅說：「我驚嘆這樣一個事實，樹在開始的時候長得越慢，它的核心長得越強壯！」我想同樣的情況也適用於人類。我們不希望孩子過早成熟，在幼兒期就催促發芽生長，這樣會像迅速長成的木材，質地鬆軟、易壞。我們寧願孩子開始的時候長慢慢的，好像在艱難的掙扎著，才能長的結實和完美。這樣的樹，即使到了老年，仍然以幾乎同樣的速度在伸展。

許多人的頭腦有個固定的想法，孩子上幼稚園一定要學到什麼東西，比如認字、拼音、英語、唱歌、跳舞等，而學到的東西是由老師教的，有的家長喜歡問孩子：「今天你在幼稚園學到什麼啦？」有的家長會問老師：「你們怎麼還不教拼音？別的幼稚園早就教了。」現代的幼稚園、學校都是從西方傳入中國的，而中國的傳統生活其實不需要把幼兒從家中帶離，應該讓他們生活在村莊的院子或田野上。大部分的人，是否過分地強調了幼稚園的教育功能？

有人問我如果老師不教孩子知識，那老師在幼稚園的作用是什麼呢？我回答：「像媽媽。」華德福幼稚園的老師更像一位慈祥的媽媽，邊做家務邊照顧孩子，她的一舉一動都是孩子模仿的榜樣。另外，孩子在遊戲、玩耍過程中，與同伴之間的交往，也是一種重要的學習。

我在留英日記裡寫過：「假期我替各個教室裡的植物澆水，澆著澆著，我突然感受到植物非常高興我在澆水，它們需要我的關照。凝視著我房間裡的一顆植物，新生長出來的莖嬌嫩的像嬰兒的小手，能透出一些光來，我甚至不敢觸摸它，生怕傷了它。這顆植物生長得十分精巧和優美，細心地呵護它，可以讓它內在生命充分展現。」那麼我們對孩子的教育是不是也能這樣？孩子的生命有一種內在的秩序和結構，如果家長、老師能充分保護孩子內在的生命，而不是人為地修枝剪葉、人為地強加外在的秩序和結構，這就是最好的教育。

這並不是說兒童不要學習知識，而是知識的學習、心靈的培育要像給植物澆水似的，成為兒童內在生命成長的養分，有利於自我的發展和完善。做教師不易，要慎之又慎，幾句話、幾個動作就可能毀了孩子的一生，例如水澆太多或太少都會導致植物死亡，而對孩子的培養一定要有分寸，那就是「適度」。

大教育家福祿貝爾在《人的教育》這本書中提到：「按上帝精神的作用和從人的完美性和本來的健全性來看，一切武斷的、絕對的和干預性的訓練、教育和教學，必然有著毀滅的、阻礙的、破壞的作用。」他以園丁修剪葡萄藤為例，不管園丁出自多麼良好的意圖，如果園丁在工作中不是十分耐心地、小心地順應植物本性的話，葡萄藤可能由於修剪而被徹底毀滅。一切武斷的、絕對的、干預性的訓練，不僅會毀滅人的天性，還會阻礙人類的完美發展，穩步和持久的前進。

我曾翻譯過一篇Barbara Shell寫的《華德福和蒙特梭利的比較》文章，作者是這樣結尾的：「蒙特梭利把孩子的大腦看作像海綿一樣，可以吸收知識和經驗，於是從孩子很小的時候就給他挑戰智力的任務，結果你就會得到一個受過教育的孩子。但是在華德福教育中沒有所謂的智力推動，因為我們活躍和豐富孩子的想像力和創造思維，孩子自身就會擁有這種能力。當孩子從一個階段發展到另一個階段，他的潛能就像一朵花瓣漸漸綻開。」

在華德福幼稚園，我們不追求早熟的「學習之花」，這種「花」也許被許多人賞識，但我們寧可放棄這種快速的滿足，我們想要保護孩子的童年，期待他們將來成長為健康完整的人。

華德福格言：

孩子的生命有一種內在的秩序和結構，如果家長、老師能充分保護孩子內在的生命，而不是人為地修枝剪葉、人為地強加外在的秩序和結構，這就是最好的教育。

以身作則

群體生活中，每個孩子都有不同的個性，而且也會互相模仿，因此有的家長擔心自己的孩子，會模仿其他孩子的不良行為。我想任何孩子都會有一些行為或語言不那麼符合「標準」，例如我們園內最小的孩子，剛來園時才一歲十個月，吃飯的時候需要用手來幫忙，別的孩子看到了，就會學她的樣子；還有一個孩子，已經到了用湯匙吃飯的年齡，卻動不動就用手抓飯吃，甚至伸手到盤子裡抓菜。但是這些行為，都在老師的幫助和引導下改正，現在園內的孩子用手抓飯的現象都消失了，大家都養成了用湯匙吃飯的習慣。

每個幼稚園都有可能會發生孩子打人的事情，甚至打老師，但我從來沒有聽說過，某個班級的孩子會因此每個人都變得喜歡打人。我們不可能讓孩子生活在一個模範的世界裡，**在一個現實的社會裡，孩子不可避免地仍會看到、接觸到周圍人的不良言行，老師和家長的責任一方面是以身作則，另一方面是怎樣增強孩子的抵抗力，把不良影響減少到最低限度。**

孩子的不良行為，必須透過大人或老師來引導轉化。例如園內的冰糖放在冰箱裡，孩子發現了，有時會趁大人不注意，自己打開冰箱拿冰糖吃。我們是要把冰糖藏起來，讓孩子找不到，還是告訴他們不能擅自拿？兒童心理學家陳鶴琴認為，不應該把食物藏起來，**應該要告訴孩子未經**

老師或父母的許可，不許拿食物吃。如果以防賊的方法對待孩子，孩子會漸漸失去自尊心，還會產生對成人的怨恨。

除此之外，我們園內客廳還懸掛一幅羊毛做的畫，是遠在美國的鬱寧遠為慶賀我們開園，特地航空郵寄過來的，對我們來說非常的珍貴。畫的下面正好是個大木椅，老師擔心孩子會不會爬到椅背上，把畫弄壞，那該把椅子搬走還是把畫拿走？天明老師說，我們應該告訴孩子不許爬上椅背，而不是一味退縮。例如牆上的東西不許孩子玩耍，就要讓孩子慢慢明白，教室裡有些地方不能爬，有些東西不能亂動。

不過到底什麼是不良行為？其實看法上也存有一定的差異，例如我們園裡的孩子，在戶外玩得很高興的時候，有時會情不自禁地躺在地上。下雪天，孩子們會興奮地在雪地裡打滾，當然我們不容許他們躺在地上時間過久。通常成人對地面的感覺是髒、不乾淨，孩子躺在地上多麼難看，可是如果你把自己想像成和他們一樣大的孩子，你就會品嘗到他們的樂趣和歡樂，就會體驗到他們對土地的感受。我認為在保證安全和不傷害他人的前提下，就讓孩子們盡情地玩耍吧！

無論颳風、下雪，我們每日的戶外活動盡量都不取消，我認為保護兒童生命不僅僅是供兒童衣食住行，還需要給他們陽光、土地、清新的空氣。日益現代化的生活，使我們遠離了大自然，大教育家洛克，也提議要讓孩子多接觸自然生活，即使在冬天也盡量少烤火、少用暖爐，因為如果老是不讓他們受到風吹、日曬、雨淋，也許可以把他養成一個美貌的孩子，可是不能把他教成一位有用的人才。

在丹麥的一所華德福幼稚園裡，孩子每天有六個小時的在園時間，其中四個小時是在戶外活動。對於幼兒來說，戶外空氣清新、視野開闊、心情舒暢，開闊的活動場地有益孩子的玩耍、嬉戲，還可以感受到大自然一天和一年的氣候變化，他們可以用手去觸摸石頭、樹葉、木頭、泥土……用眼睛觀看昆蟲、動物……用鼻子聞到鮮花的芬芳，用耳朵聆聽自然界美妙的聲音。

華德福格言：

現實的社會裡，孩子不可避免地會看到、接觸到周圍人的不良言行，老師和家長的責任一方面是以身作則，另一方面是怎樣增強孩子的抵抗力，把不良影響減少到最低限度。

童年

去年我遇到一位媽媽，苦惱孩子對日本人的強烈仇恨，把自己不喜歡的人或東西，想像為日本人，發洩情緒，那位孩子才四歲，是從電視裡看到日本人侵略中國的罪行。還有一次，我參觀一所幼稚園，幾乎每個班級的教室門口都張貼著報紙，老師說要讓孩子每周收集一篇報導，培養孩子瞭解時事新聞的習慣。

我想起在英國的第二年，正是美國攻打伊拉克的時候，雖然英國政府支持美國的決策，但有許多英國人強烈反對。某天下午，鄰居的孩子很興奮地見人就說「反對戰爭」，還用彩色筆寫了「我們不要戰爭！」的紙條，放在我們公用廚房的桌子上，她是公立小學三年級的學生，我很驚訝這麼小的孩子就熱愛和平，並表明自己的態度，我想一定是老師影響了她，讓孩子從小對國家大事持有自己的觀點。

但是日本同學橫山卻不同意這種教育，她說華德福學校對於低年級的學生，是不會在班級討論這麼嚴肅的話題，即使是關於戰爭的重要事件。**華德福教育認為，應該要讓小孩關心小孩的事**，我聽過小學三年級的新聞課，每周一早上老師讓孩子們說說周末發生的事情，他們說「我家小狗……」、「我家小貓……」、「我和哥哥去樹林玩……」、「我媽媽生了個小嬰兒……」這就是孩子眼中的新聞。孩子還沒有到能夠理解國家大事的年齡，更弄不懂複雜的國際關係，千萬不要過早地把成人世界的事說給小孩聽，最好等到他們十四歲以後，孩子們的獨立思考意識覺醒了，再和孩子們討論國家大事。

幼兒常常充滿好奇，不停地問：「為什麼？」、「這是什麼？」，女兒二歲時，每天我帶她去買牛奶，我一個人只要走五分鐘，和她一起卻得走半小時，一路上她總是停下來，看地上的東西，問這是什麼。埃瑞卡認為，對於幼兒的問題既不要說謊，也不要告訴科學真相，只是陳述即可，不要解釋，如告訴孩子這是月亮，但沒有必要說明是反射太陽光所致，要讓幼兒保持驚奇感。女兒四歲時曾問我，人為什麼有兩個眼睛、一個鼻子，我說是為了美麗。現在我想，也許可以說：「我也覺得奇怪，為什麼會有兩個眼睛。」讓幼兒保留他們的困惑，他們就會想辦法去尋找答案，尋找過程可能幾年或十幾年。

成都華德福幼稚園的園長張俐，參觀一家幼稚園後寫道：「當我一走進教室，我看到一具人體的模型，顱骨和胸腹腔都打開著，白白的頭骨、眼睛和內臟器官是歷歷在目，而牆上的那些人體消化器官、肌肉骨骼等大張的圖片，更讓人感覺是進入了一個生物試驗室，或醫生的辦公室。」這種「恐怖」的事實，有必要讓年幼的孩子知道嗎？

我在英國時，有人問華德福幼稚園創造出如同夢境般的氛圍，是不是脫離了現實？埃瑞卡老師說，華德福幼稚園並不是完美無缺的，孩子們一樣要打打鬧鬧、推來推去，一樣會有調皮好動的孩子。但老師的確想營造一個與現實不同的環境，充滿詩意、童話、想像與美的事物，華德福老師是理想主義者。其實孩子一出生，就是一個現實主義者，要吃、要喝、要睡、要排泄，而幼**稚園和小學如夢境般的氛圍，可以給孩子們留下美好的記憶，當他們長大成人後，無論現實如何醜陋、骯髒、卑鄙，心中都會有個美的世界。**

愛默生學院裡我的一位同學，是從南非來的索妮亞，她就是從華德福學校畢業的，她說同學們看到馬路上有垃圾就想去撿，他們有一種對美好世界的嚮往和動力，當然他們也賺錢、找一份好工作，但如果生活的全部意義是賺錢，他們會感到失落。另一位同學賽姆，也是在華德福幼稚園和學校長大，她說她並沒有感覺到華德福教育脫離現實，她畢業後適應社會沒有任何困難。

下面這首詩，是我在學習華德福教育時翻譯的，提供大家參考：

童年

童年是學習神聖世界
和世俗世界本質的時候，
是學習善、美、真本質的時候。

童年是愛與被愛、
表達恐懼並學會信任的時候，
是容許他們嚴肅、平靜、
歡快、放聲大笑的時候。

兒童有夢想的權利，
他們需要時間按照自己的步伐成長。
他們有犯錯誤的權利，
有被原諒的權利。

兒童需要幫助去發展自我控制力，
去轉化他們自己，並發揮最佳能力。
兒童有權利免於暴力和饑餓，
有一個家並得到保護。
他們需要幫助才能健康成長，
需要有良好的習慣和合理的營養。

兒童需要人們的尊重，
他們追隨成人的榜樣和愛的權威，
他們需要不同的體驗，
溫柔和親切，大膽和勇氣，
甚至調皮搗蛋和舉止不當。

兒童需要時間學習接收和給予，
學習歸屬（belonging）和參與，
他們需要成為群體中的一員，
他們需要成為獨立的個體，
他們需要獨處，也需要與人交往，
他們需要休息和玩耍的時間，
需要無所事事和工作的時間。

他們需要虔誠的時刻，
需要有滿足好奇心的地方，
他們需要受到保護的邊界和創造的自由，
他們需要被生活的準則引導，

給予他們自我發現的自由。
他們需要和土地、動物、自然界相處，
他們需要在群體中展現自己的個性。
童年的靈性（spirit）要得到愛護和滋養
這是每個人的本質部分，
需要保持蓬勃的朝氣。

最後我想說，如果孩子沒有一個穩定、和諧的家庭環境，再好的教育所能發揮的作用也是有限的。我是個單親媽媽，我沒辦法讓女兒生活在一個完整的家庭裡，我感到很遺憾，原來學會怎樣做妻子和怎樣做母親，是同等重要。

二十年前我曾幼稚地認為，離婚率高是社會進步的表現、是人類自我意識的覺醒、是個性解放的標誌。但是現在，我想既然結婚有了孩子，就要千方百計地為孩子創造美好的家庭氣氛，而不能只考慮到「我」或「他」怎樣。我在英國的一個幼稚園裡瞭解到，全班二十名孩子，有六人是單親家庭的孩子，班導師說這些孩子不同程度上都有些問題，還有人告訴我，有的幼稚園單親孩子的比例更高！西方文明認為，社會的最小單位是個體；中國文明則認為，社會最小的單位是家庭，家庭不穩定，就會造成社會的動盪。

然而僅僅做好一位母親、妻子還不夠，我們和孩子的生命都要依賴空氣、陽光、流水、土地，依賴植物、動物；依賴農民、工人的辛勤勞動，我們和萬事萬物有著千絲萬縷的聯繫，為了孩子的健康成長，我們應珍愛並感謝所有的生命。人們說**母愛是博大寬廣的，我認為母愛是甘願自我犧牲的愛，願意為了孩子，以及孩子需要的一切，犧牲自己的時間、精力，犧牲自己的享受、健康，甚至生命。**

華德福格言：

孩子還沒有到能夠理解國家大事的年齡，更弄不懂複雜的國際關係，不要過早地把成人世界的事說給小孩聽，最好等到他們十四歲以後，孩子們的獨立思考意識覺醒了，再和他們討論國家大事。

給孩子的愛

這周凱薩琳老師來我們幼稚園參觀指導，並舉辦第三次的華德福教育培訓活動。凱薩琳老師讓大家體驗了濕水彩畫，她說幼兒階段，孩子要盡情體驗色彩的美麗，不要求他們畫出具體的形狀，雖然每個人都是用紅、黃、藍這三種顏色來畫，但畫完後，沒有一幅畫是一樣的，無法評價誰畫得好、誰畫得差，也不要評價孩子繪畫的優劣。

凱薩琳老師還說，有的媽媽自己喜歡聽音樂，把聲音開得很大，她沒有想到聲音過大會傷害孩子的耳膜。有的爸爸吸煙，已經養成多年的習慣，但煙霧彌漫在空氣中，幼小的孩子會吸到肺裡。**一旦做了父母，就不能只想到自己喜歡什麼，而是該想想會給孩子帶來什麼影響。**

有一位家長提問，孩子發脾氣時，她也容易失去控制而向孩子發脾氣怎麼辦？我的建議是，**轉移孩子的注意力，不要和孩子僵持下去，等他平靜下來，再跟他講明道理，**有時候也可以抱著孩子，撫摸他，使他安靜下來。凱薩琳老師建議媽媽如果覺得心情煩躁，可以請別人照顧孩子二至三個小時，自己外出看看電影、喝下午茶……等等，因為媽媽有時也需要放鬆一下。

除此之外，給孩子建立的規則不能太苛刻，但也不能太寬鬆，有時必須明確對孩子說：

「不，不行！」，即使孩子因此不高興或哭鬧。愛是有界限的，這個界限不是為了束縛孩子的成長，**而是讓他感到被愛、被關心、被保護**，沒有界限的愛是溺愛、縱容。另一位媽媽問，有時家長也不知道界限在哪，因為現在各式各樣的價值觀，令人無所適從。凱薩琳舉例說，網路上可以得到你想知道的一切事情，但如果沒有自己的主見，就會被大量的資訊淹沒，人應該是電腦的主人，利用電腦為自己服務，而不是被電腦控制，失去自我。**當我們面對各種理論、價值觀時，自己要有判斷力，不能迷失方向。**

隔天，我發現園裡有位孩子一直悶悶不樂，我擔心她是不是生病了？摸摸她的額頭，不像發燒。我問她哪裡不舒服？她也不說。吃飯時她要求老師把餐廳的門關上才肯吃，關上門後才開心地笑了。我鬆了一口氣，她沒有生病，但老師們分析，是因為凱薩琳來到我們幼稚園，她不適應。

我想這位孩子的反應，不僅僅是陌生的面孔使她不適，陌生人還會帶來某種陌生的「氣氛」或「氣場」，她也說不出來是怎麼回事。華德福教育強調班導師的重要性，一旦大家圍坐在餐桌旁，班導師就不能離開，因為班導師的舉動會影響整個團體的氣氛，影響孩子情緒的穩定性。**每個個體的存在，不僅僅是肉眼看見的形體，不僅僅是這個人說了什麼、做了什麼，每個個體還有獨特的「氣場」**。成年人可能不受別人「氣場」的影響，但幼小的孩子卻暴露其中，這就是為什麼華德福創始人魯道夫・斯坦納，要求華德福老師要有純潔的思想，**成人不希望孩子擁有的想**

法，自己就不能有，因為影響孩子的不僅僅是顯露出來的東西，還有潛藏內心深處的意識和看不見的「氣場」。

華德福格言：

愛是有界限的，這個界限不是為了束縛孩子的成長，而是讓他感到被愛、被關心、被保護，沒有界限的愛是溺愛、縱容。

生日禮物

這周我們替翔翔舉辦了三歲生日慶祝會，孩子們吃過早餐後，老師讓他們為翔翔每人畫一張畫，老師們也畫，把所有的畫裝訂成一畫冊，作為幼稚園送給翔翔的生日禮物。慶生會的前十天，老師們也親手為翔翔縫製娃娃。

老師們把孩子集中在一個房間，房間內的餐桌上用一塊暖色布鋪著，上面放了一小瓶鮮花、三支象徵三歲生日的紅蠟燭，並把準備送給孩子的禮物放在一個籃子裡。這時，翔翔在老師的幫助下，戴上生日王冠，唱完生日快樂歌後，老師講了有關於生日的故事後，讓每個孩子和每位在場的成人，都輪流抱抱要送給翔翔的娃娃，最後帶著大家愛心的娃娃再回到翔翔的手中。

這周除了舉辦生日會之外，還有一個園內回顧我想分享如下：

園內有個孩子，由於年齡較小，經常要我抱。起初我有求必應，後來我發現如果不抱她，她就說：「我想媽媽了，我想媽媽了。」好像要哭的樣子。我很困惑，這種時候如果每次都順從她，是否就是嬌慣？如果某個孩子佔有我的時間太多，我就沒有時間顧及到其他孩子的需求。有的孩子，吃飯吃到一半，說：「我想媽媽了，我想媽媽了。」也是好像馬上要哭的樣子，老師就只能趕緊餵飯，他（她）就不哭了，繼續等老師餵飯。

我們有集體的規則，但對於個別孩子的個別情況，必須有所例外，但這種特殊的照顧，究竟要持續多久呢？什麼時候即使孩子哭鬧，也不能抱他？這就得依靠老師具備的敏銳觀察力，如果事出有因，可以滿足他的需要，但如果僅僅為了表現自己的特殊，老師不順從就以想媽媽為由哭鬧，這種情況下，我想老師可以適當拒絕，或轉移她的注意力。

華德福格言：

我們有集體的規則，但對於個別孩子的個別情況，必須有所例外，如果事出有因，可以滿足他的需要。但如果僅僅為了表現自己的特殊，就要適當拒絕，或轉移他的注意力。

滿樹的小白花

我們幼稚園越變越漂亮了，這周老師們花了很多時間畫了兩幅畫，再用從德國帶來的三種植物顏料，加水調成糊狀，讓每位孩子把小手伸進顏料中，再把手按在畫上，每個小手印旁邊寫上孩子的名字。我們將這兩幅畫放在餐廳的牆上，而窗臺上則擺放著春天的鮮花，為了迎接德國華德福教育之友基金會的娜娜（Nana Goebel）、班傑明（Benjamin Cherry）的來訪。

來到我們幼稚園幾天後，娜娜和班傑明認可了我們的幼稚園，園內的老師給他們留下良好的印象，他們高度讚賞我們所付出的努力，如果我們遇到困難，他們表示我們可以隨時向他們尋求幫助，娜娜也答應資助我們的老師到香港華德福幼稚園觀摩一周。

娜娜獻身於華德福教育的推廣已經幾十年了，我問她為什麼把華德福教育作為她終身的追求，她說，世界上有不少兒童教育理論，但她覺得唯有**華德福教育是讓教育適應孩子成長的需求，而不是讓孩子去適應成人創造出的理論**。我們期待孩子長大後，快樂、自信、健康、具有交往能力、適應社會、心胸開闊、善於學習、發現自我、富有責任感等等，而這些正是華德福教育培養孩子的目標。

我曾希望有更多的孩子入園，以便早日實現收支平衡，增加老師的工資待遇。但是也深知自己的不足，緩慢地增加孩子人數其實是件好事，讓我們有時間學習成長。不過，我們的信心越來越多，因為每一位來訪的朋友，每一位家長都是我們的支持者，我們的老師也在迅速成長起來。我也見證了華德福教育對孩子產生的影響，我在英國觀摩華德福幼稚園三周，那時我不知道孩子們原來是什麼樣的，不清楚實踐中的華德福教育對孩子究竟會有什麼影響。現在，我可以肯定地說，**華德福教育能夠幫助孩子健康、快樂、自信地成長，是適合孩子，並滋養孩子的教育。**

因為參與班傑明的一天培訓，晚上將近八點我才回到家，走到離家不遠處，突然聞到一股香味，抬頭一看，滿樹的小白花在夜晚閃爍，我駐足幾秒鐘，心中湧起一片感謝之情，感謝大自然生生不息的力量，感謝大自然無與倫比的神奇與美麗。

華德福格言：

華德福教育是讓教育適應孩子成長的需求，而不是讓孩子去適應成人創造出的理論，它能夠幫助孩子健康、快樂、自信地成長，是能夠滋養、讓孩子成長的教育。

語言與繪畫

班傑明在上周的講座中，提到年幼的孩子學習語言很快，他們的發音器官具有很大的可塑性。成年人的年紀越大，學外語就越困難，是因為他們的發音器官比較僵硬，不易改變。有位聽眾問，這麼說應該在幼兒階段教外語嗎？華德福教育反對教學，但是否可以教英語呢？因為孩子越小，學語言越快。

班傑明回答：「如果年幼的孩子跟隨父母到了美國，他一定比父母更快地學會英語。但在中國的環境裡，孩子從小應該要有一種歸屬感，語言是存在的家園，中國人當然講中國話，如果中國人從小讓他學英語，他究竟是中國人還是英國人，或美國人？當我們思考的時候，總是用語言在思考，不同的語言帶來不同的理解方式和思考方式。如果小小的孩子生活在兩種語言中，他民族的根在哪裡？」班傑明舉例說，印度人從小就學本地語和英語，長大後兩種語言都說不道地，他認為**心靈的家園是語言，當孩子建立起心靈的家園後，才能開始學習外語**。

在華德福幼稚園，可以讓孩子感受另一種語言，例如我在英國華德福幼稚園會給孩子唱中國童謠，德國學生則在我們幼稚園唱德文歌、英文歌、法文歌，每天大約十分鐘時間，目的不是教孩子外語，而是讓孩子對不同的語言有所感受。華德福小學從一年級開始教兩門外語，但以唱歌、童謠、遊戲的方式進行，而不是靠大腦記憶。

下午的講座以繪畫開始，班傑明認為年幼的孩子還不能用語言充分地表達自己，但他們能夠借助繪畫的方式，把內心的感受表達，並釋放出來。比如孩子畫出一串︿︿︿（只是大概的樣子，我不知道怎樣使用電腦畫出像孩子的畫），可能是孩子正在長牙，他表現的是長牙齒的疼痛。當孩子畫了一棵樹、一間房子，在大人的眼裡是樹或房子，在孩子的心目中可能他畫的卻是自己；當孩子畫出交叉的兩根線時，往往是他有了自我意識，開始說：「我」的時候。自閉症的孩子就不會說：「我」。**如果成人過早地教孩子畫畫，就會扼殺孩子內心表達的願望和途徑，成人的技巧掩蓋了孩子的真實世界。**

作為一名有經驗的華德福老師，班傑明假想聽眾是一群小學生，讓他們畫棵樹，他根據每張繪畫來分析畫者需要哪些幫助，比如某個「孩子」的畫看上去有些零散，老師就要想辦法讓孩子找到「中心」。

華德福格言：

心靈的家園是語言，當孩子建立起心靈的家園後，才能開始學習外語。繪畫也一樣，若是成人過早教孩子畫畫，就會扼殺孩子內心表達的願望和途徑，掩蓋了孩子的真實世界。

故事好像是一根魔杖

幼稚園的老師得會隨機應變地編造故事，雖然剛開始在說故事的時候，開頭我也不知道講些什麼，只是覺得故事最好有情節、有對立衝突的人物，我想到平時孩子們遊戲時，常說：「有怪獸。」或「怪獸來了！」我就把怪獸編進故事，可是午睡前講的故事不能讓他們激動、興奮，於是我又讓怪獸變成了小王子，最後大家都睡著了。

故事好像是一根魔杖，老師一拿起這根魔杖，孩子們通通安靜下來，全神貫注地把老師講的故事吸進肚子裡，有時透過改編的故事，還有教育孩子的作用。去年卡洛琳在培訓講座上提到，如果班上有二個孩子不友好，她就會編這樣一個故事：

很久以前，有兄妹兩個人，他們天天都在一起玩耍，從早到晚不分離。有一天，他們去森林採草莓，遇到了一位很老很老的奶奶，老奶奶的腿受傷了，兄妹兩個人看見了，就趕緊走上前去幫助老奶奶，「奶奶，我們幫你找草藥。」他們把老奶奶的傷口清洗乾淨，再把草藥敷上去，用自己的手帕把傷口包紮起來。老奶奶非常感激他們，送給他們一粒珍貴的種子：「請你們把這粒種子種在花盆裡，只要你們相互友愛，不吵架，這顆植物慢慢就會開出美麗的花朵，並且永遠不會凋謝。」

兄妹倆回到家，按照老奶奶的吩咐，把種子種下了，過了不久，種子發芽、長大、開花了，兄妹從沒有見過這麼美麗的鮮花，他們高興極了。有一天，他們因為一點小事發生爭吵，互不相讓，最後，誰也不理誰了。就在那天晚上，美麗的鮮花凋謝了。兄妹倆想起了老奶奶的叮囑，萬分後悔，他們望著枯萎的花瓣，難過得落下了眼淚，眼淚落進了花盆，濺到了花瓣上，突然花朵又恢復生機，綻開美麗的花瓣。兄妹倆發誓以後再也不爭吵了，要讓美麗的鮮花永久綻放。

曾有家長問，她的孩子因為聽故事，總覺得周圍有妖怪，變得非常膽小怎麼辦？凱薩琳說，有三種辦法可以試試。首先，家長可以把故事中的妖怪轉化成好人，或可愛的動物。再來，告訴孩子媽媽小時候也怕妖怪，後來就不怕了，讓孩子覺得他被理解，因為媽媽也有一樣的經歷。最後，想像中的妖怪總是和黑夜有關聯，睡覺前用熱水給孩子洗腳，換上睡衣、拉上窗簾、點上蠟燭，唱首搖籃曲，營造溫馨的氣氛，還可以在孩子的身上抹點精油，按摩他的身體，讓他感到放鬆、舒適，就不會再害怕黑夜。

班傑明老師告訴我們，華德福學校的故事有三個來源：一是民族的童話、民間故事、傳說；二是世界各地的經典童話、民間故事和傳說；三是老師針對自己班級，或某個特別學生講的故事。故事具有療效，例如：有助於急躁的孩子做事平穩、自卑的孩子變得自信，或是像上面卡洛琳講的故事，能幫助孩子團結友愛。

除此之外，班傑明還認為經典童話、流傳已久的民間故事，比現代人編的故事，往往對孩子更有營養。例如：現代人看不見人體上的經絡、穴位，而古代人可以看見；現代人是用現代的意識創編故事，而古老的故事則包含智慧，能被孩子吸收。華德福教育認為孩子更接近於古人的意識，他們和古人一樣，覺得萬物都有靈，孩子的意識還沒有從客觀事物中分離出來，所以小白兔會說話、怪獸會變成小王子這類的故事，大人聽起來是無稽之談，但孩子卻聽起來卻津津有味。

班傑明告誡我們，當老師講完故事後，千萬別說：「你們聽懂了嗎？」，或「這個故事告訴我們什麼道理？」、「你們應該怎麼做，不應該做什麼。」因為故事一旦被分析，被當作說教的工具，它就失去了生命。我覺得，一個好故事就像一粒種子播在孩子的心田裡，有一天，它會自己發芽、生長，滋養孩子的心靈。

華德福格言：

故事好像是一根魔杖，老師一拿起這根魔杖，孩子們通通安靜下來，全神貫注地把老師講的故事吸進肚子裡，有時透過改編的故事，還有教育孩子的作用。好的故事就像一粒種子播在孩子的心田裡，有一天，它會自己發芽、生長，滋養孩子的心靈。

有理說不清

剛開始辦園時，有人對班導師要負責班級一切的事情感到困惑，比如說兩個孩子衝突，難道助理老師不能處理嗎？為什麼一定要向班導師反應，讓班導師來決定？我回答：「第一，是要有利於在孩子心目中，確定班導師的核心地位；第二，因為班導師最瞭解孩子、最有經驗。」助理老師可能比較年輕，想必從事幼稚教育時間不長，或來園時間不長，怎樣輕重緩急地處理不同孩子的衝突，可能不具備足夠的經驗，也不像班導師那樣瞭解孩子。

有一次戶外活動時，二個年齡偏小的孩子拉著我的手不放，他們都想讓我跟他們玩，我不知該讓誰先鬆手，猶豫之中，一個孩子伸出手打了另一個孩子，兩眉之間抓出二個小血點，我很懊悔，就發生在我的眼前，卻無法預料。去年有一次，一個男孩坐在房間門口的地板上，他突然伸出腳，把另一個正走出房間的孩子絆倒，我眼睜睜地看到這一幕，但是他出腳太快，我來不及反應。

孩子的某些舉動看似毫無道理，即使老師保持警覺，難免也會發生衝突。例如新來一個男孩，當他和另一個男孩面對面走近時，沒有任何理由，卻突然動手打起來，也許在孩子的心裡，他並不是在打人，只是表示試探，想與其他孩子玩，卻不知道什麼是合適的方式。

有的孩子，剛入園時經常打人，但過了二個月，可能和別的孩子相互熟悉、有了感情，或是找到了適合自己的遊戲，他的精力有了宣洩的管道，打人現象消失了。但是有的孩子，卻是入園幾個月後，開始出現打人現象，我發現一個男孩開始打人的時候，是對別的孩子產生了興趣，之前他幾乎從不和別的孩子玩。華德福教育認為，**對年幼的孩子講道理並沒有什麼效果，老師可以透過故事，或是肢體動作來表達老師的態度。**

我覺得孩子打架往往是受到本能的驅使，這麼小的孩子不會有什麼惡意的想法。我特別喜歡一位臺灣華德福老師的觀點：「孩子犯錯、不守規矩，因為孩子畢竟是孩子，他正在成長，他的身體、情感與思想都尚未成熟，他無法自控、無法分辨是非。」（註）

孩子之間的爭吵是正常現象，他們並非天生就具有與人分享或合作的社會能力，這些社會技能通常需要向周圍人的行為學習，或經驗累積而得。因此，**孩子不能與人分享不是自私，也不是小氣，是因為發展，我們千萬不能因此責怪他！**例如三歲的幼兒，「我」的概念才初形成，還沒有反思的能力，所以對他而言，是有理說不清的；而五歲的孩子已有足夠的記憶能力和時間距離感，較能透過模仿學習、較能掌握規範、較有是非對錯感，因此簡單、明白的語言就能與他有目標的溝通了。

不過學習的多寡，仍須取決於個別孩子的感應、性情和生活的方向感……等，我們不能期待孩子一次、兩次就能記住規矩，甚至十次、二十次的重複強調規矩，他們可能還是會忘記，我們只能耐心地教育孩子。

＊註：參考《幼兒生活規範：親師約法十章》。

華德福格言：

孩子之間的爭吵是正常現象，他們並非天生就具有與人分享或合作的社會能力，這些社會技能通常需要向周圍人的行為學習，或經驗累積而得。孩子不能與人分享不是自私，也不是小氣，是因為發展，千萬不能因此責怪他。

爬山涉水找旗子

回想當初辦園時，我最感謝李玲、王莉兩位老師，每當我想起李玲，不由得佩服她敢於面對挑戰的勇氣。剛開園的時候，我們沒有經驗、沒有資金，老師的責任又極其重大，她的孩子也是園內的學生，所以她既是媽媽又是老師。很多人認為她無法解決媽媽和老師兩個不同角色的衝突，別的家長也經常提出質疑，媽媽是否會對自己的孩子偏心？有時，遇到艱難的阻力，李玲老師會說：「吳老師，我答應你只做半年。」或者「我答應你再堅持3個月。」如今，李玲老師說她願意把華德福教育作為一項事業長期追求，她不僅對孩子體貼入微，而且常常為他人著想，雖然不善於用言詞表達自己，她卻用實際行動，向孩子和其他人傾注愛心。

王莉老師則具有藝術天賦，我在英國學習華德福教育一年多，畫起畫來仍然十分笨拙，但是王莉透過兩三次的學習，卻能把握華德福繪畫的特質，出神入化地用色彩表現出來。我們有一本華德福幼兒繪畫的書，王莉老師利用課餘時間，把其中的每一幅畫都臨摹一遍，她的藝術天賦和勤奮好學，令人感動。

當然，世上不存在完美的人，李玲、王莉和我都是普普通通的凡人，我們既有各自的優點和長處，也有各自的缺點和不足。見到卡洛琳後，李玲曾一度喪失當老師的信心，她覺得自己離華德福老師的理想太遠了，什麼時候才能像卡洛琳那樣？後來，她轉變了想法，誰也不可能一下子就成為出色的老師，好老師也是一步步成長起來的，只要自己不停的努力，會趨近華德福理想的。

這周王莉老師帶孩子們做了一面小旗子，戶外活動時，每個孩子拿著自己的旗子，愛不釋手，可是大多數孩子玩著玩著，就忘記小旗子了，王莉老師回幼稚園拿東西時，就把他們的旗子放進教室裡。過了一陣子，有位孩子發現旗子沒有了，老師向她解釋旗子在教室裡，可是無效，她不停地哭著要旗子，我見狀就說：「我帶你去找旗子。」我拉著她的小手，在場地上奔跑，「小旗子在這裡嗎？沒有。」跑一陣子我又停下來看著地面說：「小旗子在這裡嗎？沒有。」她不但不哭了，還很高興。「我們爬山了」、「我們過河了」、「我們爬樹了」在想像中，我們爬山涉水去找旗子，**透過遊戲，孩子的傷心變成了快樂**。

還有一次，有位孩子撿到一張包裝紙，問我上面寫什麼字。我回：「香酥糖」。他一遍遍對我說想吃香酥糖，手裡拿著包裝紙不肯扔掉。我想了一個主意，「我帶你去買香酥糖。」我們走到園內有樹和草的地方，把這裡假想為「商店」，「我要買香酥糖。多少錢？」「5塊錢。」「好的，給你錢。」我們假裝一片樹葉或一片草是香酥糖，「我們買到香酥糖了，回家吃吧！」我帶著他和其他孩子，跑到另一端的一顆大樹下，假裝吃「香酥糖」。吃完「香酥糖」，我們又出發去「商店」。這樣我們來來回回跑了三四趟，孩子們很高興，我給他吃樹葉「香酥糖」，他張開嘴假裝吃，他是那麼的心滿意足，也忘記了真正的香酥糖。

華德福格言：

透過遊戲及想像力，可以讓孩子的傷心變成了快樂，讓他們心滿意足。孩子的想像力無限，這也是他們和成人最大的不同。

意志的特點

這周德國人盧安克來我們幼稚園住四天，他是第一位在中國嘗試華德福教育的先行者，我們很高興有機會和他交流。利用這個機會，我請他為我們老師講解華德福教育對於意志的看法，這是我學習華德福教育以來，一直沒有弄清楚的地方。下面的內容，來自盧安克的講座，經過他的校對和同意：

思考是有意識的，但意志是無意識的，和思考相反。意志的行動不經過思考，意志直接發生在肌肉裡，並不是在大腦裡，思考才會發生在大腦裡。意志是行動，行動本身是無意識的，比如把手臂抬起來的過程，肌肉、骨頭、消耗營養等的變化是無意識的。肌肉從環境中的精神獲得力量，在四肢動的時候，這個精神先進入肌肉，之後再進入頭腦讓我們認識到自己所進行的動作。

生活中第一次做某件事情很難，隨著重複次數的增多，會變得越來越容易，那是因為重複做某件事情提高意志，所以覺得越來越容易。重複有兩種，有意識的、無意識的。例如我每天想著要餵兔子，因為我知道如果忘記的話，兔子會挨餓，這代表我有任務感，有必要每天去做，所以**記住每天要完成的事情，可以培養意志力**。如果說有意識的重複能培養意志，這種有意識不是說小孩理解為什麼要做，而是小孩清楚地知道他必須每天去做，理解和意識還是有區別。另外，每天養成的習慣屬於無意識的做，比如穿衣、刷牙，透過無意識的重複可以培養情感，比如老師做，孩子無意識地跟著模仿。

中國古代有個故事，一位年輕人到山裡拜一位武林高手為師，師傅每天讓他把一個水缸裡的水運到另一個水缸裡。年輕人很崇拜師傅，師傅讓他做什麼他就做什麼，可是二年過去了，眼見師傅一直在教別人學習武功，卻沒有教他，終於有一天，他忍無可忍向師傅發火，無意中他把手打到缸中的水面，突然水缸就爆炸了，這時他才明白原來師傅教他武功了。這種不知道為什麼卻去做一件事情，而且堅持去做，這樣培養的意志力是十分厲害的。

意志是四肢的行動，我們不可能透過說話或理解來培養，唯一的培養方法是行動。所以如果老師說要做某件事情，或是要求孩子做，自己就必須做到，否則會削弱孩子的意志，如果老師做不到，最好就別說。如今，電子媒體、各種刺激也在影響、破壞意志。太多的選擇會影響意志，因此給予孩子太多的資訊也會產生同樣的結果，因為太多的資訊和選擇，讓人一會兒追求這、一會兒追求那，沒有穩定和堅持，會使人變得無力和癱瘓。

意志的特點是：

1. 富有創造性。
2. 與想像形成對比，想像活躍時，意志薄弱；意志強大時，想像薄弱。

3. 意志處於睡眠狀態，不清醒，與認識相對比。如農民喝酒後，頭腦不清醒，幹活更有力氣。當一個人苦思冥想時，他的行動能力就弱。

4. 和意志有關的身體器官是肌肉、血、新陳代謝系統等，它們都處於睡眠狀態。

5. 意志靠同感。同感和反感是相反的（有時可以解釋為吸引和排斥，有時可以解釋為主觀化和客觀化。）一個人發揮對所作事情的同感，就有力量去做；如果對所做的事情反感，就會停止下來。作為老師需要有這二種力量。反感，會使得老師和孩子保持一定的距離，這樣才能認識孩子。同感，會使得老師和孩子一起做事情，也是融為一體的力量。老師要把反感轉化為對孩子的認識，同感轉化為一起做事的動力。

6. 意志富有活力，它不斷想變得精神化。想像力是死的，它不斷想變成物質化，如果讓想像力和思考接受創造的因素，想像力就不會那麼死。

人類是由幾個層次組成，身體、生命體、自我……等，每一個層次控制某種意志，比如身體控制的意志是本能，自我控制的意志是動機。老師的工作是幫助孩子發揮高級意志，但老師不要替孩子下結論，因為小孩還沒有個人獨立的自我，所以老師要代替他的自我，即老師代替他做決定。為了完善小孩低層的意志，老師的高層意志需要代替孩子的，老師的動機和願望要代替孩子的本能和慾望，老師要有權威，透過這種方式，小孩的意志才能得到培養和完善。

必須不理解一件事情，但堅持做，才能培養意志。如果孩子堅持問為什麼，可以用情感的方式回答，例如一位父親講了一個巫婆把小孩放進烤箱的故事給兒子聽，兒子追問為什麼巫婆要把小孩放進烤箱，父親怎麼解釋，兒子就是不明白。這時一位路過的奶奶聽見了他們的談話，就說：「因為巫婆很壞。」兒子就懂了，而且聽了很滿足。所以老師對於孩子的問題，不必用邏輯上的答案來回答。

小孩的動作跟著感覺走，比如早晨活動時，老師把對歌曲的感受透過動作表現出來，孩子模仿動作的同時，也在感受老師對歌曲的理解。年幼的孩子是否可以學習舞蹈、武術？舞蹈、武術都是標準動作，孩子學習老師的規範動作需要先有意識，而年幼孩子的意識還沒有喚醒，要求使用還不存在的東西，孩子會感覺痛苦。所以要再次強調，**應該先有動作，後喚醒意識。**

如果還是用智力的填塞方式去教育孩子，長大後，他們雖然知道許多知識，但這些知識沒有進入自己的身體，沒有與自己的身體和感受結合在一起，就不是自己的，所以這些人也無法把知識和行動聯繫起來。**如果想培養一個人的真正思考能力、培養屬於他自己的思考能力，就不能透過灌輸填塞的方式培養。**

華德福格言：

思考是有意識的，但意志是無意識的。意志不可能透過說話或理解來培養，必須透過行動來培養，如果老師說要做某件事情，或是要求孩子做，那自己就必須做到，否則會削弱孩子的意志，如果老師做不到，最好就別說。

行動的自由和思想的自由

昨天晚上我在家看了電影《看上去很美》，邊看邊想，我們幼稚園從來沒有集體上廁所、沒有因為哪位孩子不會穿衣，而當眾羞辱孩子……突然，我想到「沒有行動的自由，就不會有思想的自由。」幼兒階段，**正是孩子精力旺盛，四處活動的時候，是想像力天馬行空的時候，如果我們讓孩子規規矩矩地坐著聽老師講課，無論老師講的怎樣精彩、生動，都是違背了孩子的天性。**

有人覺得，二至三歲的孩子以遊戲的方式學習認字，邊玩邊學，孩子高興，家長也高興，不是兩全其美嗎？以我的理解，表面上孩子沒有動腦筋，可是文字本身就是現實的一種抽象，如一個活生生的人、圖片上的人和「人」這個字相比，圖片上的人比真人抽象，真人變成平面上的「沒有生命的人」，圖片上的人再變成文字「人」，對於孩子來講，他根本無法理解爸爸、媽媽、你、我、他都是「人」。

把活生生不同的人抽象為一個字「人」，不管以什麼方式來學習，對於孩子的想像力都是一種約束。我曾聽說過，一位媽媽從孩子幾個月大開始，就教孩子認識圖片上東西，以至孩子看到真實的蘋果、金魚都不認識，他只能認識圖片上的蘋果和金魚。縱觀人類的發展進程，應該是先認識具體的事物，再用圖像表示，最後才是慢慢抽象出來文字，而孩子的認識也應該符合事物發展的規律。

如果我們提前把抽象的符號（文字）教給孩子，他們的思維會過早地單一化、僵化。我認為一幅畫傳遞的資訊超過文字，而活生生的事物傳遞的資訊，又超過一幅畫，讓孩子接觸真實、自然的事物，他們獲得的感受遠遠超過抽象的文字。

有人問我，戶外活動時，華德福幼稚園會教些什麼？我在英國華德福幼稚園看到，戶外活動就是戶外活動，老師不組織、不干涉、不引導，只是一邊注意孩子的安全，一邊做著園藝勞動，例如秋天時收集樹葉做堆肥。可能有些幼稚園，老師會在戶外活動時說：「春天來了，花開了、草綠了、天氣暖和了。」被老師這麼一教，很可能孩子得到的春天印象就僅僅是「花開了、草綠了，天氣變暖和了。」甚至有的老師更進一步，趁機讓孩子認識「春天」這二個字，孩子對春天的豐富感受就被壓縮為兩個抽象的字。

孩子發現的春天絕不僅僅是眼睛看到的東西，為什麼老師要教孩子認識春天呢？孩子對春天的感受一定比老師的鮮明。同樣道理，需要教孩子認識醫生、郵差、員警、工人、農民嗎？醫生不僅僅是給人看病，穿上白袍的人，他們還有一顆仁愛之心；農民不僅僅是在大地上耕種的人，他們勤勞、樸素、善良，是我們的衣食父母。請給孩子時間，讓他們從生活中慢慢體驗春天、體驗不同職業的人，難道不是更好嗎？

華德福格言：

幼兒階段，正是孩子精力旺盛，四處活動的時候，是想像力天馬行空的時候，如果我們讓孩子規規矩矩地坐著聽老師講課，無論老師講的怎樣精彩、生動，都是違背了孩子的天性。

信任孩子

這周我們召開了第四次家長會，特別邀請了大學老師徐春豔參加。她舉例她教過的四個好學生為例，其中二個學生來自農村、二個學生來自大城市，無論在校學習還是工作，曾經有段時間，這四個人，都是同行中的佼佼者，但過了幾年，城市裡長大的孩子，失去了工作的動力，不喜歡所學的專業，上班時整天玩電玩遊戲；而農村長大的學生，卻始終保持著對學業和工作的熱情，他們知道自己想做什麼，並具備出色的能力去完成，他們對生活、對工作，充滿著嚮往。雖然這只是個案，不具有普遍性，但卻使徐春豔聯想到，**農村孩子很可能沒有上過正規的幼稚園，而城裡的孩子可能從小就受到「良好」的教育，過早的教育可能會過早地喚醒了孩子的智力，導致長大後失去工作和學習的動力。**

班傑明老師在之前的講座中說到，**失去童年的人，失去了生活的動力，換句話說，最快樂的成年人是有童年的人。**徐春豔從懷孕開始閱讀各種育兒書籍，思考著怎樣給孩子進行早期智力開發，現在她深深地意識到，孩子的童年這麼短暫，為什麼要犧牲寶貴的童年來學認字、算術、科學？五歲認識兩千字和八歲認識兩千字，到底有多大區別？

華德福教育主張**等待孩子的智力慢慢甦醒，而不要人為地喚醒，因為過早地喚醒智力，就是**

過早地脫離童年。班傑明打個比方，就像是太陽出現了，夜晚的星空就消失；智力出現了，童年就消失。當今世界的悲劇之一是孩子們失去童年，而成人後很難找回失去的童年。智力的特徵之一，是自己與外界分離，而孩子生活在夢幻的世界中，我們應該信任孩子的自然發展過程，讓智力漸漸醒來。

班傑明說，現在有許多幼稚教育理論，讓孩子學這、學那，拿孩子做實驗，卻沒有看到孩子是什麼樣子。如今的世界，孩子失去了驚奇（wonder）感，如果一個人沒有了驚奇感，不論多偉大的智慧在他眼裡，也只是知識，若是幫很小的孩子將各個事物做好定義，那孩子就會失去驚奇和崇敬。我認為**讓孩子晚點認字沒有什麼關係，但如果失去童年，就會失去未來生活的動力。**

不久前我遇到一位推銷幼兒識字書的人，他們設計的圖書是從二歲開始認字。我心中暗想，這麼做有多少成分是為了孩子考慮？多少成分是為了盈利？我還想到，在打著科學旗號的商業宣傳攻勢下，有多少父母能抗拒「不能輸在起跑線」的壓力？如果父母抗拒不了，犧牲的就是孩子們的幸福童年。

華德福格言：

華德福教育主張等待孩子的智力慢慢甦醒過來，而不要人為地喚醒，因為過早地喚醒智力，就是過早地脫離童年。

可口的粽子

華德福教育認為內外有別，例如教室的佈置要注意室內、室外的光線區別。戶外活動時，孩子可以大聲說話、喊叫，可以興奮地奔跑，但在室內要保持適當的安靜。但是戶外活動時，一定要有老師加以引導，因為孩子遊戲時聲音太大，會讓他們在室內也很興奮、激動，如果孩子一天中大部分時間都處在興奮狀態，可想而知，孩子回家後的情緒就容易煩躁、不安。

這周遇到了傳統的端午節，老師們從上周開始就收集做香包的材料，並帶著孩子們縫香包、做五彩線，下午也給孩子們講有關端午節的故事。端午節當天，老師為每位孩子手腕上綁了五彩線，自主遊戲時，還為孩子們演了二場偶戲，那天的主課活動是孩子們和老師一起包粽子，午餐則是讓孩子們吃可口的粽子。

除了端午節之外，這周很開心的是凱薩琳老師和丈夫再次來我們園指導，我們利用難得的機會，向她請教了許多問題。我們苦惱自身經驗不足、經常犯錯誤，愧對家長們的信任，例如一個孩子3次被抓傷。凱薩琳安慰我們，香港華德福幼稚園的一些老師已經有了二十年的經驗，別忘了我們還不到一年的時間，在她看來，一個月內我們發生了很多變化，不僅教室的佈置更加完善、美麗、溫馨，還有老師們變得更加成熟了。

她說有的來訪者只看到教室裡有哪些東西，而沒有看見超越物質的存在，至於錯誤，哪個人不會犯錯誤？一方面我們要吸取經驗教訓，深刻反省，採取措施，盡量杜絕抓傷之類的事情再次發生。另一方面不要灰心喪氣、一蹶不振。

華德福格言：

幼稚園老師必須比媽媽還要有耐心，因為這麼小的孩子，媽媽把他們託付給我們，我們就得讓孩子們感覺到幼稚園也像家一樣溫暖。

父母的疑問

最後決定創辦華德福實驗班級。我去拜訪了湯老師（Thanh），她是位對華德福教育有著深刻理解，並富有實踐經驗的老師，她說：「你一定要把開班的日期決定下來，不能遲疑，天使會來幫助你們的」。

決定好辦園的時間、地點後，湯老師也來幫助我們，其實她就是來幫助我們的天使，到達幼稚園的第二天就忘我地投入到工作中去，佈置教室、採購、染布、和老師交談、和家長座談。她有辦華德福幼稚園25年經歷，但每次新學期開始前，她都要準備到凌晨兩三點鐘才休息，她說老師們為孩子默默做的一切，天使會看見的。

我把湯回答家長和老師的一些問題，憑記憶寫在下面，有些地方增加我的註解，供大家參考：

家長：玩具小汽車可以給孩子玩嗎？

湯：買了一個玩具小汽車給孩子，玩了不久，孩子便會要求再買另一種樣式的玩具車，比如卡車，或更大號的小汽車，玩夠後又會提出要求，買一個救護車、消防車，接下來又會要遙控汽車，孩子的要求會沒完沒了。如果給孩子幾塊木頭（把樹幹鋸成一段一段的木頭），孩子可以發揮想像力，把某個木頭想像為小汽車，下次又可以想像為卡車、救護車、消防車……，一方面家長節省了開支，另一方面更重要的是激發、豐富了孩子的想像力。

家長：可是玩具小汽車能夠讓孩子瞭解汽車的細節。

湯：是的，但是現成的玩具小汽車不能激發孩子的想像力，不能帶給孩子內心的活動，現代社會給予孩子太多的完成品，孩子和完成品之間沒有聯繫，玩具小汽車是工廠製造好的，孩子只是被動接受，他和小汽車之間的關係是疏遠的。但若是把一段木頭想像為小汽車，卻是孩子努力的結果，**想像力和創造力是密不可分的，想像力豐富的孩子，創造力一定較強**。

家長：我的孩子看見商店裡的某個玩具，又吵又鬧，一定要買怎麼辦？

湯：商店裡的玩具都是來自工廠，工廠生產商品的目的是為了賺錢，他們會請來心理學家和設計家一起工作，怎樣使產品具有誘惑性，讓孩子看到就想買。孩子還小，不明白什麼對他有益，什麼對他有害，做父母的要有權威，如果明知一件事情是錯誤的，內心就要堅定，不能因為孩子哭鬧就妥協。這時父母可以轉移孩子的注意力：「我帶你去池塘餵鴨子，鴨子餓了，我們去買個饅頭，走，鴨子在等我們呢。」媽媽的態度一定要溫柔而又明確，是出於愛才不讓孩子買玩具的。

家長：我的孩子一歲八個月，我帶她出門，給她穿白鞋子，她不肯，一定要穿上紅鞋子，可以讓孩子選擇嗎？

湯：小事情或不重要的事情，可以讓孩子選擇，但要讓孩子感覺到還是你做出的決定。大事情，比如晚上八點必須上床睡覺，這就必須執行而不能順從孩子的意願。目前許多孩子缺少規矩，人們往往從一個極端走向另一個極端，從極度的壓制孩子天性，到完全沒有約束，這兩種極端都不好。孩子需要的是在一定範圍內的自由，而且不能給予太多的選擇，想像一下，成人做選擇時的感受，比如「我是保留目前的工作，還是做全職媽媽？或者另找一份輕鬆的工作？」有的人面臨多種可能性，左思右想，甚至會焦慮得病倒。小小孩應該由父母替他做出選擇，吃什麼、穿什麼等，到了四、五歲，則可以讓他們做些簡單的選擇，比如蘋果和香蕉，你要吃哪個？

家長：我的孩子五歲了，從小到大，每次睡醒都會哭得很傷心，要我抱她，我不明白為什麼？是否我和丈夫做了什麼錯事？我擔心這麼下去，孩子缺乏獨立性。

湯：孩子睡覺的時候，可能她的魂去了某處，或遇到什麼，我們不知道。我沒有看到你的孩子，但我認為這種情況和父母做錯事情沒有關係，也不會影響孩子長大後的獨立性。她哭，你就抱她，撫摸她，唱唱歌。

家長：我們平時工作很忙，是否一定要陪孩子玩耍？

湯：對於一至二歲的孩子，父母到哪去，他跟到哪，父母做什麼，他就模仿做什麼。對於大一點的孩子，不需要父母總是陪著玩，但父母要為孩子準備一個適合的環境，提供適合的玩具。父母可以邊做家務，邊留心孩子的安全，如果父母要和孩子一起玩，就全身心的投入，不能惦記著一會兒要去買菜，或工作上的事情，孩子是很敏感的，他能感覺到你是否真心或三心二意。如果父母總是陪孩子玩很長時間，孩子會產生依賴性，所以父母可以引導孩子，等孩子玩起來了，就離開。

家長：自從上次聽了您的講座，我該怎樣裝修我的家？是否也要把牆壁刷上粉紅色？

湯：家庭環境和幼稚園不同，家裡有父母、爺爺奶奶，可能還有兄弟姐妹，不同的房間有不同的功能。幼稚園的房間專門是為孩子設計的，營造出夢幻般的氣氛，如果把成人的房間也設計成這樣，會削弱思考力。父母的臥室可以用一種顏色，孩子的臥室或玩耍的區域，可以用粉紅色。我家裡的牆壁是淡藍色，在義大利許多人家牆壁都是白色，居家的牆上什麼顏色，和當地的傳統、氣候也有關係。在華德福幼稚園裡，牆上是粉紅色，但上小學後，每個年級的顏色不同，**華德福教育很重視色彩對人的影響，尤其是對人的心靈影響。**

家長：我在餐館看到，中國孩子在餐館裡跑來跑去，鬧哄哄的，而外國孩子卻能和家長一起坐在椅子上，為什麼？

湯：我想是因為你看到的這些中國家長，給予孩子的規範太少。**孩子需要自由，但同樣也需要規矩，三歲以下的孩子，父母要盡量用動作來表示對孩子的要求，比如吃飯時，孩子離開餐**

桌，父母就要把他抱回來，一次、二次、三次，堅持不懈地反覆做下去，孩子就會養成坐在餐桌旁吃飯的習慣。大一些的孩子，小時候沒有養成良好的習慣，這時就要用語言來輔助說明，但是年幼的孩子，父母不要去解釋為什麼不能這麼做，因為孩子太小，理解語言是困難的，用動作表示你想說的話，會更加有效。

家長：如果我的孩子是按照華德福教育的方式來培養的，比如不看電視，但我的孩子是否能和其他的孩子友好相處？

湯：沒有問題。華德福教育雖然已有九十多年歷史、遍及五十多個國家，但還是少數人的教育，華德福的孩子接觸許多別的孩子，一般來說，他們的交往能力反而更出色。如果你的孩子到別的孩子家玩，別人家裡不禁止孩子看電視，你的孩子就可能會被電視吸引住了，而電視就像毒品，最好別讓孩子染上看電視的癮，最明智的辦法是，你可以邀請別人的孩子到你家來玩。

家長：我擔心我的孩子如果上了華德福班級，畢業後，怎麼適應目前的小學？

湯：這種擔心到處都有，我經常到亞洲國家去幫助華德福教育的創立，幾乎每個亞洲國家的家長都提出類似的問題。華德福教育不贊成提前進行智力開發，不等於不重視孩子的智力，我們認為合適的時間才能做合適的事情，提前智力開發，就像揠苗助長一樣，對孩子今後的智力，反倒可能產生負面效果。我們在幼稚園裡所做的一切都是奠定基礎，包括身體健康的基礎、情感的基礎、智力的基礎。我們培養的是如何去學習的能力，而不是過早給孩子灌輸知識。如果家長擔心孩子上小學會跟不上進度，現在大部分的華德福幼稚園會在孩子上小學前的三個多月，給他們開設學前班，為適應小學生活做準備。

老師：華德福幼稚園是怎麼進行音樂教學的？

湯：華德福教育非常重視音樂，但音樂教育要根據孩子的年齡來進行。幼稚園階段，不要用**收音機播放音樂，而是由老師唱歌給孩子聽，人的器官是最美妙的樂器，人的聲音豐富、親切、自然，充滿感情**，每天的早晨活動也會由老師唱歌，孩子跟著模仿。孩子從一個活動轉入到下一個活動，老師唱歌，比如收拾玩具時間到了，老師唱：「玩具要回家，寶寶要睡覺。」飯前老師唱感恩歌：「大地給我們美味的食物，太陽使它成熟可口。親愛的大地，親愛的太陽，我們感謝您的無私給予。」幼稚園裡用的樂器也是有所考慮，一般只有二種樂器可以用，像鋼琴、小提琴一類的樂器不適合這個年齡層的孩子。

老師：如果二個孩子搶玩具怎麼辦？

湯：二個孩子發生爭執，老師不要立即介入，盡量讓孩子自己解決，如果爭執嚴重，老師就可以走過去把玩具拿走，誰都不能玩。一個孩子可能會說：「是我先拿到的。」另一個說：「是我的！」老師不要去調查來龍去脈，因為也問不清楚，所以把玩具拿走即可。如果孩子說：「老師，讓我玩那個玩具。」老師可以說：「過五分鐘後給你。」孩子可能一會兒就忘了玩具的事情，如果他還記得，五分鐘後就給他，如果二個孩子再次發生衝突，老師就要再次拿走。**如果一**

件玩具常常引起爭搶，老師會放在櫃子裡長達一、二周的時間，當然也要考慮是否玩具的件數太少。

老師：如果一個孩子打了另一個孩子怎麼辦？

湯：通常人們的做法是訓斥打人的孩子，忽視了被打的孩子。比如李四打了張三，華德福的方式是老師去安慰張三，讓李四坐在一旁，看老師怎麼照顧張三，老師的動作、語言、神態流露出同情、關心，然後讓李四也去輕輕撫摸張三。老師不要強迫李四說：「對不起！」語言只會停留在大腦，李四可能還不服氣，明明張三先如何。如果我們透過態度和行為來讓李四感受到張三的痛苦，發自內心的感到對不起，請求原諒，即使沒有用語言說出來，但這種影響是深入的，而被打的孩子也能從中學會去原諒、寬恕別人。老師可以問說：「張三，你原諒李四了嗎？」

華德福格言：

華德福教育不贊成提前進行智力開發，不等於不重視孩子的智力，我們培養的是如何去學習的能力，而不是過早給孩子灌輸知識。

小聲說話

這周開始，我又得重新開始和一群陌生的孩子慢慢熟悉起來，目前班上人數還不太穩定，有些家長問我，什麼樣的孩子適合華德福教育？我想幼兒階段，主要是看家長對孩子的期待是什麼？如果家長對孩子的期待是考上知名大學，選擇華德福教育恐怕就不合適。這並不是說，華德福學校出來的孩子就考不上知名大學，而是說華德福教育更加注重人的全面、和諧的發展，更加注重的是幫助孩子找到自己的人生道路，成為他自己。

有天我們園內來了位瑞典的烏拉老師，他來自歐洲最大的人智學社區，專門從事特殊需要兒童的教育。他觀看了我們的早晨活動、自主遊戲，他說他對教室裡安靜、祥和的氣氛印象極其深刻，他感到老師一點也沒有強制孩子做這做那，從一個活動轉到下一個活動很流暢，而且很高興在北京能看到華德福的班級，看到出色的老師們怎樣帶班。

我有位朋友的女兒，暑假和一群同學到歐洲旅遊，在飯店住下的第一天晚上就被嚴肅警告，如果再大聲說話，就要報警了。前不久，我從報紙上看到，一位中國的孩子隨父母到國外上幼稚園，老師說他樣樣都很好，唯獨說話聲音太大。

在華德福幼稚園裡，如果孩子在室內的說話聲音太大，老師會提醒他小聲點，若是每個孩子都在遊戲，其中有個孩子很大聲說話或喊叫，就會影響其他孩子，因為在公共場合，我們更要考慮到自己的一言一行不要干擾到別人。

華德福格言：

華德福教育注重人的全面、和諧的發展，更加注重的是幫助孩子找到自己的人生道路，成為他自己。

沒有人感到孤單

二十五年前，湯老師在澳洲接受了華德福教師培訓後，就萌生了要辦華德福幼稚園的想法，某日便在她的家裡舉辦華德福教育講座，有些家長聽了湯老師的系列講座後，鼓勵她辦幼稚園，但是她沒有資金、場地怎麼辦？家長們說：「我們來想辦法。」在家長們的幫助下，幼稚園很快就開班了，幾年後，幼稚園的孩子要上小學了，家長們又勸說湯老師辦小學，但是湯老師仍然沒有資金、場地，於是又靠著家長們的大力支持，和班傑明一起辦起了華德福小學。

湯老師有著豐富的華德福教學經驗，在他的幫助下，我們學校也越來越走向正軌。我們班的教室裡沒有洗手池，湯老師要求孩子們在教室裡洗碗，當時我覺得不可思議，沒有水池、水龍頭，怎麼能洗碗？他說在一張桌子上鋪一塊大毛巾，放上三個臉盆的水……我一邊聽他陳述，一邊想著這樣孩子肯定堅持不了多久。開園第一天，老師指導孩子們洗碗，把碗放進第一盆水，用洗碗毛巾清潔二至三遍，然後放進第二盆水裡清潔一下，再放進第三盆水裡，最後把碗放在旁邊的一個大盤子上，一個堆一個。

沒想到老師說，孩子們很喜歡洗碗，直到現在，每次餐後孩子都會一個個地排好隊，在老師的協助下，把自己的碗洗好、放好。老師們的工作負擔雖然增加了，但孩子學會了自己的事情自己做，並且一步步有順序地去完成，而學會生活也是幼稚園教育的重要部分。

湯老師還說每一分鐘都必須事先計畫好，孩子和老師的時間安排都要考慮周全，孩子必須知道下一個環節該做什麼，老師也該這樣來安排自己的工作。如果班導師和配班老師之間不和睦，即使他們沒有當著孩子的面表現出來，但孩子們也能感覺到，時間久了他們的攻擊性行為就會增加，如果老師們配合默契好，全班的孩子就容易進入良好的狀態。

基本上一位華德福老師，每天的工作時間通常要分為三個部分，三分之一的時間用於孩子，三分之一的時間用於教師之間的協調，三分之一的時間用於家長工作。若想帶好一個班級，必然涉及到班導師和助理老師的合作，大家要為了共同的理想而努力，而且每個人的工作職責要明確，什麼時間誰該做什麼，每天的流程都要環環相扣。

華德福格言：

要讓孩子學會自己的事情自己做，並且一步步有順序地去完成，因為學會生活也是幼稚園教育的重要部分。

我發現了一個蝸牛

這周我們班上來了一位德國志願者麥克（Michael），他今年高中畢業，願意到中國做十一個月的義工，他曾前後聯繫了十個單位都被婉拒，最後我收到他的求職信後，一口氣答應他的申請。他說只要能來中國，他就是全世界最幸福的男孩。當天晚上，全園老師為他舉行了一場歡迎會，有位來自雲南的老師跳起了民族舞蹈，她熱情奔放的歌聲和豪放的舞姿，吸引我們跟她一起載歌載舞。

我彷彿又回到在英國跳蘇格蘭集體舞的情景，如癡如醉，快樂無比。歡迎會開始的時候，我感到非常疲勞，以為堅持不到最後，可是一跳起舞來，所有的疲勞全都消失了，跳完後，神清氣爽、意氣風發。

華德福班級的外面有一塊綠地，湯老師在的時候，會讓我們把綠地用柵欄圍起來，孩子們只能在柵欄裡面玩，有天孩子們發現了另一個天地，「快來看啊！一個大蜘蛛！」、「我發現了一個蝸牛！」、「我找到了一隻蚱猛，他喜歡吃什麼？我們去弄一點。」每次戶外活動時，我都能聽到孩子們欣喜的叫聲，某個孩子的發現吸引了其他的孩子，大家都圍過來看，有時孩子們還會把老師呼喚過去。

雖然孩子們可以靜下心來專注周圍的自然環境，但我們總覺得柵欄裡還是缺少可以玩的內容，怎樣既能節省開支又能提供玩耍的合適環境？我突然想到在地上挖個坑不用花錢，孩子們可以跳進爬出，也可以在坑上放塊木板當作橋走來走去。

這周我特別有感觸，因為我的女兒上大學要離開家了，我幫她準備行李，並送她上了火車。我發現我會邁上華德福教育之路，是因為我做了母親，我想把世上最美好的東西給予我的孩子，雖然女兒已經長大成人，不需要接受華德福教育了，但我願意介紹給家長們，想把這個教育帶給孩子們，是孩子改變了我的一生。我的女兒要上大學了，這時我意識到作為母親，**培養孩子的目的，是為了有一天她能用一雙堅實的翅膀展翅高飛**。

華德福格言：

我想把世上最美好的東西給予我的孩子，因為是孩子改變了我的一生，我發現培養孩子的目的，是為了有一天他能用一雙堅實的翅膀展翅高飛。

蒸出來的月餅

有位德國志願者麥克來我們園裡實習，我給他取了一個中國名字叫「青山」，這周他每天都在我們班工作，孩子們都非常喜歡他，主動地撲到他的懷裡，或拉著他的手，青山還用粗繩子圍繞樹做了一個「蜘蛛網」，供孩子們攀登。我給他一本英文兒歌集，請他挑一首唱給孩子聽，可是他覺得裡面的歌都太難了，於是自己創編了一首簡單的歌曲，並配上簡單的動作，每次早晨活動時他都會唱三遍，孩子們都非常喜歡他。

這周還遇上了中秋節，晚上老師們聚集在一起，嘗試自己動手做月餅，我們沒有烤箱，只得用爐火把「月餅」蒸出來，看起來很像糖包子，不過吃進嘴裡又香又甜，畢竟是自己做出來的，感覺不一樣。我們邊做邊唱歌，吃完後又開始跳舞，大家相約中秋節晚上，要在幼稚園裡舉行營火慶祝晚會。

曾有家長建議我們教孩子愛國的思想，我覺得和孩子們一起包餃子、剪紙、講中國民間故事、唱中國兒歌、過中國的傳統節日，我不主張進行口頭的愛國教育，因為「國家」這個概念對於幼兒來說，太抽象。愛媽媽、愛爸爸、愛小朋友，孩子能夠理解；愛花草，愛蝴蝶，她也能理解，因為爸爸、媽媽、小朋友、花草、蝴蝶，是孩子看得見、摸得著的，而「國家」該如何讓他們理解呢？我認為年紀越小的孩子，越要透過行為來進行教育，而不是口頭說教，讓孩子有所體驗，而不是背口號。

過完中秋接下來就是國慶日了，我回家看望了父母，他們年紀大了，身邊也沒有子女照顧。有人說美國是孩子的天堂、老人的地獄，我覺得中國也漸漸有這方面的趨勢。人的本能總是關照自己的孩子多於關照父母，我自己也是這樣，但是社會的變動使得家庭越來越小，子女長大了、遠走高飛，誰來照顧年邁的父母？人總有衰老的一天，老人和孩子都能得到適當的關心和照顧，才能算是真正和諧的社會。

華德福格言：

社會的變動使得家庭越來越小，子女長大了、遠走高飛，誰來照顧年邁的父母？人總有衰老的一天，老人和孩子都能得到適當的關心和照顧，才能算是真正和諧的社會。

只要孩子高興

國慶日後，又有一位熱心幼稚教育的男老師宋志合，來擔任我們班的助理老師。這周，宋志合、青山把原來戶外挖的一個坑，挖得更深、更大，在這個坑的旁邊又挖了一個坑，然後在坑底把兩個坑打通，形成一個洞，孩子們欣喜若狂，從一個坑爬進洞裡，又從另一個坑裡出來。

我們還用木板做了一個梯子，孩子們順著梯子爬上來，一次次溜下坑去、鑽進去、爬上來，樂此不疲。每天上、下午的戶外活動，孩子們都玩得一身塵土，連頭髮都沾上土了，我擔心家長們會不滿，詢問了幾位家長，他們說：「沒關係，反正衣服每天都要洗，只要孩子高興就可以。小孩子總是喜歡玩土，家裡還沒辦法讓他們這樣玩呢。」

班上有了男老師，感覺也不一樣了。青山力氣大，能把孩子舉得高高的，像坐飛機似的，在空中轉一圈放下來，孩子們高興得一遍遍要青山再來一次。戶外旅遊的時候，走不動的孩子，青山就把他放在自己的肩上，他對孩子的要求幾乎有求必應，以至於其他老師勸他不要太寵孩子了。青山和宋志合都是能工巧匠，他們鋸木頭的時候，一些孩子會圍繞在他們身邊，幫忙拉鋸子，老師們用木頭做了幾個小車、小飛機模型，孩子們見了，也拿個榔頭「叮叮咚咚」地往木頭上敲釘子。我生怕榔頭砸到孩子的手，總是密切注視，或不停地提醒他們小心，可是我發現孩子們有自我保護的意識，不會輕易砸到自己的手。

有位很喜歡華德福教育的蓓蓓老師，放棄原來令人羨慕的學業，投身於幼稚教育，她希望加入我們的班級，但是一個班級的成人不能太多，我在華德福班的時候，她就會到托兒班去幫忙。目前園內的老師越來越多了，德國的華德福教育之友基金會也再次資助我們，我相信只要有信心和堅持下去，任何困難都能迎刃而解。

華德福格言：

幼兒學習的主要方式是模仿周圍的成人，園裡的老師會用木頭做幾個小車、小飛機模型，孩子們見了也會拿個榔頭「叮叮咚咚」地往木頭上敲釘子。在安全考量下，老師必須密切注視，小心別讓孩子受傷。

故事的魔力

月底了，我們要替每位孩子寫觀察報告，以下列出三個孩子的觀察報告片段，供各位讀者參考。

◆小傑的觀察報告：

有一次，他嚷嚷不吃晚飯，起初我說：「你明天還想來幼稚園挖坑、鑽洞嗎？你不吃，就不能來了。」他說：「可以。」我一看這個方法無效，又說：「要經過你媽媽同意，你才可以不吃晚飯。現在你媽媽沒有同意，今天晚上你回家和媽媽商量一下，如果媽媽同意，給老師打電話，明天可以不吃晚飯」他沒有吭聲，坐下來，一口氣吃了三個小包子。

看到青山和宋老師做木工活，小傑非常感興趣，他能在一旁敲敲打打玩很長時間。有時，他幫著拉鋸子，有時釘釘子，一次也沒有砸到手。後來青山和宋老師挖坑，小傑特別喜歡爬到坑裡，再想辦法爬出來。他幹勁十足地用小鏟子把土一次次地從坑裡運上來，他玩得高興，從來不覺得累。有時他還會喊：「大灰狼，來追我呀。」我一追他，他就開始非常敏捷地奔跑，邊跑邊喊：「大灰狼來呀。」

有一天上午室內自主遊戲時，小傑把一根繩子不停地打結，而我則坐在一旁鉤毛線，他走過來坐在我的身上，坐了很長時間。有的時候他還要我抱抱，我很高興把他抱起來，可惜我沒有力氣把他舉得高高的，只有青山老師可以把他高高舉起，在空中「飛」起來。

◆丹丹的觀察報告：

那幾天，丹丹看到我在一旁做針線就靠過來：「老師，我也來做好嗎？」記得第一次我是在縫一件衣服，我把針線給她，隨便她怎麼縫。第二次，我見她喜歡做針線，就給她一塊黃色的羊毛氈布，雖然她縫不好，但她願意嘗試，我就放手，我覺得即使被針紮一下，也沒有關係。她長大後很想當媽媽，我趁機說：「媽媽都會做手工藝，你可以從現在開始學。」我教她用一根毛線編帶子，她大致可以自己編，我又想教她用三根繩子編辮子，有點難了。我鉤小包的時候她也想鉤，我就把她抱在身上，我的手和她一起鉤。

有一段時間，丹丹每天早上帶一塊煎餅來幼稚園，而不肯吃幼稚園的早餐，有時吃不完，中午接著吃。這樣讓一些孩子受她的影響也不願吃早飯，而且中午吃餅又冷又硬，吃到肚子裡也不舒服。那幾天自主遊戲時，丹丹總和我一起做針線，我認為她對我有了足夠的信任後，便對她說：「丹丹，請你看著老師，答應我，明天不要帶煎餅來幼稚園了。」我反複說了三遍，她點頭了，第二天她果然沒有帶煎餅，從此以後我沒有見她帶過煎餅。

◆園園的觀察報告：

園園剛來我們班，吃飯時她坐在椅子上，老是把椅子翹起來，我就坐在她的身後，用腳踩住椅子。吃飯時，她一直要離開座位，我把她攔住或一次次抱回來，她就生氣，煩躁地喊叫，我趕快給她講故事：有個孩子叫東東，有一天在外面玩的時候，聽到一個聲音「誰來幫幫我呀，我要出來！」咦，是誰在說話？原來地下有一個大白蘿蔔，它想從地裡鑽出來了。東東跑回家，問媽媽怎麼辦？媽媽給了他一個鏟子，他努力地把白蘿蔔挖出來了，並把白蘿蔔帶回家，還給白蘿蔔洗澡、餵飯、哄它睡覺。聽著聽著，園園就安靜下來，我趁機一口口餵她吃飯，看她已經沒有離開的意思了，我就儘量讓她自己吃。她胃口很好，只要能安靜下來，吃飯也挺快的，她喜歡吃肉，基本上不挑食。

有一天，小朋友都洗完手了，不知道她為什麼鬧情緒，一屁股坐在地上不洗手，我走過去，一手拉著她起來，一手給她看我手裡剛剛撿到的半個核桃殼：「圓圓，你知道是誰給吳老師一個小船？」「是誰啊？」「是一隻小鳥」……她聽著聽著，就跟著我走進洗手間，我趁機幫她洗了手。故事的魔力雖然很大，但是午睡的時候，給園園講的故事不能太精彩，要越簡單越好，比如有個男孩在放羊，傍晚他要回家了，想看看大灰狼有沒有吃他的羊，他數一數還有多少隻：「1、2、3、4……」一直這麼數下去，就可以把園園哄到睡著。

華德福格言：

故事對孩子來說有很大的魔力，當孩子鬧脾氣、說什麼都不聽的時候，不要硬碰硬逼著他做，編一個故事轉移他的注意力，可以讓孩子平靜下來。

學會等待

瑞典資深的華德福老師愛迪特，週一來到我們的幼稚園，這是她第一次來到中國，要來我們園裡幫忙三周。她已是七十二歲高齡的人，把畢生的精力都奉獻給了幼兒事業，餘生的夢想是到各國去傳播華德福的教育理念並實踐。

愛迪特談到在混齡班裡，有些活動只能讓大孩子參加，老師要告訴年齡小的孩子：「等你長大了，你也可以做。」愛迪特批評西方有許多家長，孩子要什麼就立即給什麼，這種做法會助長孩子的自我中心意識，**學會等待也是重要的一課，因為人的精神成長需要時間。**我們班級每次吃飯前，都要等待所有的孩子都分到飯菜後，班導老師說：「可以吃飯了。」大家再一起吃。

本周有位同學來我們班上，他沒有哭也沒有要找媽媽，但是他不太能像別的孩子那樣表達自己的願望，因為他只能說三個字組成的短句，我很想幫助他，卻又感到力不從心。他不聽故事，可能句子太長，他聽不懂。每次一有機會，我就大聲對他說話：「穿鞋，穿鞋，我要穿鞋。」「喝水，喝水，我要喝水。」他拿著紙折的飛機說：「大飛機。」我接著說：「大飛機，飛得高。」

這位孩子十分機靈、聰明，他的動作和表情足以讓我們明白他的意思，而且他常常能發現別人沒有注意的地方。有一天，班上的梳子找不到了，他指著走廊門口的石頭牆上要我看，「啊，是我們的梳子」，我和他都很高興。每當他很想告訴我什麼，而我不明白的時候，我的心裡就很難過；不過只要我懂他想表達的，他就會特別開心。

華德福格言：

孩子要什麼就立即給什麼，這種做法會助長孩子的自我中心意識，學會等待也是很重要的一課，因為人的精神成長需要時間。

關於孩子的四種性情

孩子有四種不同的性情，到了六、七歲時，他的性情會比較明顯，我把瑞典華德福老師愛迪特老師講課的部分內容整理如下，供大家參考：

第一種孩子，性格活潑，身體比較柔軟、清瘦，動作輕快。他們即使遇到不高興的事情，也會很快雲消霧散，對新的東西很好奇，可是難以堅持做完一件事情，因為他們求知慾強，但忘得快。他們喜歡到處結交朋友，但都是泛泛之交。

第二種孩子，喜歡領導別人，在一群人中，喜歡引起別人的注意，成為中心人物，朋友要聽他的話，全家、全班都要聽他的，天生領導者性格。他很熱心，喜歡幫助別人做事，積極參與遊戲，通常這種孩子，肩寬、體胖、強壯，關節也很結實。

第三種孩子，憂鬱型的，體態修長，動作不快，自我意識強烈。他們覺得所有的事情都要做到位，認為自己做得還不夠好，陷入痛苦的感情中，求知慾強，他們記憶力很好，學過的內容不易忘記。

第四種孩子，動作很慢，喜歡享受、閒聊，找不到事情可做時，就吃東西。家長要注意，別把他養得圓鼓鼓的，建議可以讓他畫畫、做手工……等等。

每種孩子分別代表不同的顏色，第一種孩子像橙色，急衝衝來，急衝衝地走；第二種孩子，像紅色，熱情奔放；第三種孩子，像藍色，產生距離感，好像有些脫離現實生活；第四種孩子，像綠色，綠色可以平衡所有的顏色，讓他們安靜下來。每種孩子的個性都不一樣，第一種孩子，看見花很高興，摘下花朵後，很快扔掉；第二種孩子看見花，連根拔起；第三種孩子看見花，忍不住跪在花前，讚嘆一番；第四種孩子，畫下這朵花，享受畫畫的過程。

華德福老師要注意每一種類型的孩子，講故事時也要注意每一類孩子的反應。例如，講一個蝸牛的故事，第一種孩子不喜歡，第二種孩子不感興趣，和別的孩子竊竊私語。第三種孩子會聽，他注意到故事裡的細節，比如蝸牛住在哪裡、吃什麼。第四種孩子，喜歡這個故事，聽得津津有味。為了能把所有的孩子都吸引住，老師可以在故事裡加上蝴蝶，或加上跳蚤、小狗，吸引住第一種孩子；若是加上老虎、獅子，則可以吸引住第二種孩子。

第三種孩子，不太和其他孩子交往，老師可以有意識地創造機會，讓他多和別人交往，例如讓他負責分飯菜、讓他和大家一起畫畫，參與一些集體活動，或是幫忙做菜。他會想：「今天，每個小朋友都吃到了我做的菜。」還可以安排他坐在第一種孩子旁邊，因為第一種孩子注意力不集中，不知道老師講什麼，他們如果問第三種孩子，就能很快得到答案。

除了每個孩子的特殊性情之外，華德福也很注重顏色的選擇。**華德福幼稚園裡，教室的牆壁用的是粉紅色**（加少量黃色和藍色），因為粉紅色純淨、透明、平和、溫暖、沒有壓抑感。我們不會使用白色，因為**白色把孩子的「力量」**（或「氣」）拿走了，冷冰冰的，**白色是適合成人思考的顏色，因為成人思考的時候用大腦，大腦的思考是冷冰冰的，屬於智力範圍，不屬於孩子。**

除此之外，老師不要穿黑色或耀眼的衣服，最好不要穿有圖案的衣服，以免孩子只注意圖案，而不注意老師。

華德福格言：

華德福幼稚園裡，教室的牆壁用的是粉紅色，因為粉紅色純淨、透明、平和、溫暖、沒有壓抑感。我們不會使用白色，因為白色是適合成人思考的顏色，成人思考的時候用大腦，大腦的思考是冷冰冰的，屬於智力範圍，不屬於孩子。

手指遊戲

底下我根據筆記和回憶，把愛迪特老師的講課內容整理如下，供大家參考：

手指遊戲是由一位音樂家發明的，這位音樂家認為音樂有益孩子的身心健康，目前全世界出版了七種這方面的書。在她的十二次講座中，每次都會帶大家一起做手指遊戲，有些手指遊戲，可以一個人做，有些是二個人合力做的。

在當今快節奏的生活中，父母和孩子的身體接觸，往往是匆忙的、簡單的、粗魯的，透過媽媽和孩子一起玩手指遊戲，可以把美好的親情帶給孩子，使孩子感受到平靜、愉快、滿足。德語的「認知世界」，意味著「觸摸世界」，試想一個孩子從來沒有被別人觸摸過，那會是什麼樣子？他很可能不愛動、孤僻，或經常做出破壞行為，親切的觸摸可以打動孩子的心靈，喚起他美好的感情。

歐洲現在有百分之二十五的孩子患有語言障礙症，語言和我們的思考密不可分，思考出現了問題才會導致語言障礙。手指遊戲是伴隨兒歌、童謠的手指「舞蹈」，而有的手指遊戲伴隨著沒有任何內容的聲音節奏，手指的運動會促進大腦神經的發育、完善，提高語言能力，有助於孩子的智力發展。有些自閉症的孩子，經過一段時間的手指遊戲治療，語言能力可明顯得到改善，有序的手指動作，激發有序的思考，有助於孩子清晰的語言表達。

透過多年的實踐，愛迪特發現每個孩子都喜歡手指遊戲，有的孩子雖然剛開始站在一旁觀看，過了幾天後，他也一定會加入的。當孩子情緒不安時、當孩子過生日時、當孩子孤單時，請和孩子一起玩手指遊戲吧！

手指遊戲可以和童話故事相結合，因為華德福教育非常重視童話，認為童話中的動物、人物等角色，是我們內心的外化。王子象徵自我，公主象徵靈魂，一個人經過許多困難才能找到自己的靈魂，也就是王子要和公主結婚才完美。年老的國王象徵古老的智慧，將要消失；王子象徵新的智慧，接替古老的智慧；花園象徵生命力；而國王的花園象徵經過加工的生命力；河流也是生命力的象徵；動物象徵人心中的力量，人征服動物是人在和內心的某種力量鬥爭。

童話故事裡，母親去世了，繼母來了，象徵我們失去了原來的生命力，來到大地上，必須自己勞動、提水。繼母帶來的女兒，象徵我們內心要克服的邪惡的力量；童話中的精靈，晚上幫助我們恢復精力；巨人象徵古代強壯的生命力。孩子對世界的認識是經由感官體驗，到形象思維，再到抽象思維，四歲的孩子可以聽懂簡單的童話故事，可以在這個年紀多說童話故事給他們聽。

華德福格言：

手指遊戲是伴隨兒歌、童謠的手指「舞蹈」，手指的運動會促進大腦神經的發育、完善，提高語言能力，有助於孩子的智力發展，有序的手指動作，激發有序的思考，有助於孩子清晰的語言表達。

不否定孩子

辦幼稚園至今，人與人之間怎樣才能友好相處，也是我必須面對的最大的挑戰之一，以前我不敢自己辦園，就是因為我不懂怎樣和各種人打交道，我的工作一向可以獨自完成，而辦好一個園，哪怕是管理一個班級，就必須學會怎樣和不同的老師相處，怎樣共同協助完成工作。

人際交往有一些規則，但最重要的是如何學會平等對待不同性格、脾氣的人，學會尊重、寬容不同意見的人，學會放棄自我。印度聖雄甘地認為，我們要「**誇大自身的缺點，縮小別人的缺點，把自身的小缺點看成大缺點，把別人的大缺點看成小缺點**」，我承認在這方面做的還很不夠。

有一位家長曾說，她小時候最痛苦的事情是媽媽說她笨，我想到我們常常因為一個人某件事情沒有做好，就會全盤否定他，這種現象常常發生。不少家長看到孩子某件事情做錯了，一著急就說：「看看你怎麼搞的，這點事情都做不好，長大後還能做什麼？」**一件事情做不好，家長、老師可以耐心地幫助孩子，或者就事論事，指出錯在哪裡，千萬不能因為一件事情，或幾件事情沒有做好，就否定這個孩子。**對於成人之間的交往，也要注意儘量不要這麼做，因為提出批評意見，是為了讓別人改正，向著你所期待的方向發展。如果我們簡單、武斷地下結論，比如說：

「你就是沒本事！」不僅達不到我們預期的效果，而且還會傷了和氣。

我想起我女兒小的時候練習彈鋼琴，每次彈錯音，我都會毫不遲疑地指出來，而彈正確的地方，我覺得是應該的，所以從來沒有想到要表揚她。結果一個小時的練琴時間，好像她全是錯誤，因為我只看到錯誤。有一次，我的伯母來我們家，她不停地表揚我的女兒彈得好，由於她的表揚和鼓勵，女兒可以把一首曲子練上二十幾遍也不覺得枯燥。我開始反省自己，雖然道理上明白孩子需要鼓勵，可是一到現實中，卻不自覺地以糾錯者自居。

華德福格言：

一件事情做不好，家長、老師可以耐心地幫助孩子，或者就事論事，指出錯在哪裡，千萬不能因為一件事情，或幾件事情沒有做好，就否定這個孩子。

小鳥的羽毛

本周我們舉辦了聖誕歡慶會，有的老師當主持人、彈鋼琴，其餘的老師則穿著白毛衣、粉紅色的圍裙，手中拿著點燃的蠟燭，伴隨著琴聲，緩緩從樓梯上走下來，然後站在觀眾面前，以「平安夜」的歌聲作為晚會的序曲，老師們也用戲偶表演了耶穌誕生的故事。接著老師們又一連唱了幾首聖誕歌曲，孩子們也情不自禁地走上舞臺，和老師們一起唱歌。

幾天後我們帶孩子參加戶外活動，這天天氣非常好，我和孩子們走在廣闊的田野上，不時地撿起幾粒紅豆，擦乾淨裝進口袋裡。遠處光禿禿的樹枝上，一眼望去就能看到鳥巢，這時我覺得我好富足，我們的幼稚園也好富足，城市裡的高樓大廈、燈紅酒綠，我都不需要，只要能生活在大自然中，我寧可選擇貧困中的富足。我希望所有的孩子都能在大自然中成長，大自然給予心靈的滋養遠遠勝過人為的設計。

有位孩子撿到一根羽毛，他問媽媽是不是小鳥把羽毛丟了？找不到了？媽媽說不是，小鳥換羽毛不要了。但孩子還是不肯相信，對我說：「吳老師，我把羽毛送給你，如果小鳥飛到你家，你問問它，是不是它掉的，如果是，就還給它。」我說：「好的，小鳥來了，我一定問問。」於是我把羽毛帶回家，等待小鳥的到來。

華德福格言：

希望所有的孩子都能在大自然中成長，因為大自然給予心靈的滋養，遠遠勝過人為的設計。

思考・感情・意志

這周我們舉辦了幼稚園銜接小學的學前預備班，老師們帶著孩子們背誦《弟子規》，大家邊背邊做一些動作。預備班的一位孩子，上課時干擾老師的講課，幾次勸阻無效後，我便把他帶離教室，講了一番上課要認真聽課的道理，直到他答應遵守紀律，我才讓他進教室。事後我妹妹告訴我，在美國華德福小學低年級，如果某個孩子不遵守課堂紀律，助理老師會把他帶到外面走一圈，直到他準備好可以上課再進教室。

華德福不主張太多的說教，因為如果大人對聽不懂或「不能」聽的孩子說理、說教，會形成「教導」兒童耳朵關閉，使他學習「不專心」，說教甚至還會造成智力早熟的困擾。大人過多要求注意力、講理、判斷、說教等等，往往使孩子內心不滿，而在智力上提前早熟，以至偏離自然生長的路徑，造成欲蓋彌彰，不良行為的結果。在成人語言的包圍下，孩子沒有自己的表達空間，外面灌輸的太多，會讓孩子失去內心的世界，以後我會提醒自己少說、少講道理。

資深華德福幼稚園老師天明，曾提到有二種不同的學習方式，**一種是讓孩子做中學，另一種是讓孩子觀看**。比如有的家長讓孩子透過看電視來掌握關於兔子的各種知識，這樣的確可以讓孩子學到很多內容，但是華德福教育不贊成這麼做，因為**看電視學到的知識只是停留在大腦裡**，孩子對世界的認識，還要觸及到他的感情和意志。

如果讓孩子養一隻兔子，他餵兔子、照顧兔子，看到活蹦亂跳的兔子、摸摸兔子，他對兔子的瞭解是親身體驗得來的，會比看電視節目好。如果家裡沒有辦法養兔子，老師和家長可以透過兒歌、童謠、玩具、故事等，讓孩子感受到兔子的特點。同樣道理，我們應讓孩子在大自然中，感受季節的變化，而不是拿著圖片告訴他：「這是春天、這是秋天。」等孩子長大了，他會把季節轉變的感受轉化成人生的體驗，遇到痛苦和挫折，便會聯想成是冬天，雖然情緒很低落、沮喪，但仍在孕育著春天的到來。

華德福教育中會讓老師做大量的手工活動，這也是涉及到思考、感情和意志。例如我們在做娃娃之前，會先想一想要做什麼？需要哪些材料和工具？娃娃的身體選擇什麼顏色？做事之前要準備好，而做的過程是發揮意志的過程，怎樣讓娃娃看上去更加可愛，則是我們投入的感情。現在有不少國中生厭學，其中一個原因就是他們從小學到的知識，都是從大腦灌輸進去的，長大後他感到學的知識和他自身沒有任何關係，甚至他感受不到生活的快樂和美好。

華德福格言：

華德福不主張太多的說教，因為如果大人對聽不懂或「不能」聽的孩子說理、說教，會形成「教導」兒童耳朵關閉，使他學習「不專心」，說教甚至還會造成智力早熟的困擾。

戲偶故事

資深華德福幼稚園老師天明，這周來到我們園裡，排演了戲偶格林童話《甜粥》，為了便於戲偶演出，我將故事的細節進行了改編：

很久以前，在一個樹林裡，有一個很小的房屋，房屋裡住著一位媽媽和她的女兒。他們非常窮，經常沒有飯吃，只好餓著肚子。有一天小女孩去樹林裡散步，她走著走著，突然遇到一位陌生的老奶奶，老奶奶看了看女孩，知道她家裡很窮，就決定送給小女孩一個小鍋，她對小女孩說當你餓了，就對小鍋說「小鍋，做飯、小鍋，做飯。」小鍋就會做出許多香噴噴的飯，當你吃飽了，就對小鍋說：「小鍋，停下來、小鍋，停下來。」小鍋就會停止做飯。

小女孩連忙謝謝了老人，捧著小鍋，高興地回家了。見到媽媽，她把遇到老人的事情告訴了媽媽，媽媽和女兒再也不會挨餓了。過了一段時間，小女孩又去樹林裡散步，媽媽在家裡左等右，她還沒有回家，媽媽肚子餓了，就對小鍋說：「小鍋，做飯、小鍋，做飯。」小鍋就開始做出許多香噴噴的甜粥，媽媽吃飽了，就對小鍋說：「小鍋，休息了！小鍋，休息了！」可是小鍋仍然不停地做飯，鍋裡的甜粥越來越多，從鍋裡流到桌子上、從桌子上流到地上、從房間裡流到了外面，媽媽急得團團轉，一個勁地說：「小鍋，休息了！小鍋，休息了！」，可是都沒有用。

這時小女孩散步回家，看到了眼前所發生的一切，趕忙對小鍋說：「小鍋，停下來、小鍋，停下來。」小鍋終於停止工作。不過從那以後，樹林裡出現了一條甜粥做成的河流，如果有人想到樹林裡去，必須把甜粥吃進肚子裡。

這個故事適合三到七歲的孩子聽，孩子年齡不同，對故事的也理解不同。三歲孩子會覺得甜粥變成河流很好玩，而五、六歲的孩子則會發現媽媽說錯了，有的孩子忍不住會說，應該要說「小鍋，停下來、小鍋，停下來。」

五、六歲的孩子傾聽能力、語言能力明顯高於三歲孩子，**華德福教育重視孩子的自我發現，而不是成人講道理**。將來有一天，孩子會從這個故事中明白做事的道理，就是「認真聽別人怎麼說，因為如果不認真聽，就會把事情弄得一團糟」。雖然「停下來」和「休息了」意思接近，但沒有按照老人說的去做，小鍋就會不停地做飯。

老師面對面和孩子講故事，可以看到孩子的狀況，和孩子有交流。講故事前，老師要事先營造一種安靜、祥和的氣氛，比如可以點燃一隻蠟燭、唱一首歌，讓孩子們期待什麼事情要發生了。這種方式是讓孩子們自己安靜下來，而不是老師說：「小朋友，要講故事了，大家要安靜。」

故事或戲偶演完後請不要拍手，因為拍手會把孩子從故事的情景和意境中拉回現實，我們應該讓孩子多一點時間沉浸在故事裡。剛開始講的故事可以比較簡單，隨著孩子年齡的增加，故事也要變得複雜起來，通常是故事主角經歷一系列的挑戰，最後戰勝困難，有個幸福、快樂的結局。孩子長大後，會從故事中得到啟發，經歷挑戰，但最終獲得成功。

因此老師選擇的故事要有意義，例如，班級裡有一些孩子特別的吵鬧，可以編一個如下的類似故事：

從前，有隻鴨媽媽和七隻可愛的小鴨子，牠們每天在附近的小河裡游泳、玩耍，快樂地呱呱叫。

有一天鴨媽媽說：「今天我要帶你們去一個特別的地方，那裡有個荷花塘，你們可以看到美麗的荷花，還有許多好吃的東西。不過，荷花塘附近有一條鱷魚，你們一定要保持安靜。這樣明白了嗎？」小鴨子們點點頭說：「明白了。」於是鴨媽媽帶著小鴨子們出發了。

牠們順著河流遊了一段時間，來到了荷花塘，看到了美麗的荷花，吃到了許多好吃的東西，還看到了正在睡覺的鱷魚，小鴨子們非常安靜，沒有把鱷魚吵醒。媽媽帶著小鴨子們又游回來了，媽媽說：「現在你們可以大聲說話了。」小鴨子們高興得拍打水面，不停地大聲「呱呱」叫，這一天牠們過得非常開心。

利用這個故事，老師還可以進行簡單的算術教學，故事裡總共有幾隻小鴨子？幾隻動物？可以用小石頭代表鴨子，游走三隻鴨子，還剩幾隻？

華德福格言：

剛開始講的故事可以比較簡單，隨著孩子年齡的增加，故事也要變得複雜起來，通常是故事主角經歷一系列的挑戰，最後戰勝困難，有個幸福、快樂的結局。孩子長大後，會從故事中得到啟發，經歷挑戰，但最終獲得成功。

孩子的哭聲

有人問：「在一些書上也可以找到手指遊戲、兒歌，那華德福的早晨活動和這些內容有什麼不同？」我認為早晨活動的確採用了不少書上的手指遊戲、兒歌、童謠，但華德福老師把這些內容有系統地組織起來，成為二十分鐘的一個完整活動。哪首歌或童謠作為開始？哪首作為結束？動和靜如何交替、穿插？收和放、快和慢如何安排？內容和季節的變化、節日的慶典如何聯繫？這些都需要考慮。

早晨活動是華德福幼稚園的一個重要特色，內容大約二到三周會更換，我們會讓孩子和老師圍成一個圓圈，便於老師觀察到每個孩子的狀況，哪些孩子能模仿老師的動作？哪些還不可以？哪些仍然分不清左手、右手？透過觀察孩子的模仿能力，老師可以瞭解孩子的成長階段。早晨活動有益提升孩子語言能力、傾聽能力，注意聽才會跟著老師一起唱或做動作。早晨活動甚至有益於孩子的人際交往，因為每個孩子有自己的位置，老師原則上不容許孩子喜歡誰就一定要和誰站在一起，如果某個孩子堅決不肯和另一個孩子手拉手，就得請他到一旁坐著，等他準備好了才可以參加。

常有人問：「華德福教育怎樣和小學銜接？」天明老師說，如果小學要求孩子上學前，必須學會寫自己的名字、認識幾十個或上百個漢字、會10以內的加減法、認識拼音……等，華德福幼稚園可以教，但孩子具備上學的能力，不僅僅是這些知識，還要具備注意聽老師講課的能力、能夠安靜的能力、與他人相處的基本能力，孩子的建康、快樂、積極、自信、良好的行為習慣等都有益孩子適應小學的生活。

除此之外，華德福教育也主張讓孩子自主遊戲、儘量自己解決衝突，讓孩子自己調整自己，以免養成不好的習慣。例如只要哭，大人就會滿足他的要求，或得到大人的關注，那麼什麼樣的哭聲，老師要立即做出反應？什麼樣的哭聲，老師可以不管？對於嬰兒，天明老師說，如果孩子哭了，先查看是否尿濕褲子？是否想大便？是否太冷、太熱？是否衣服不舒服？是否餓了、渴了？是否睏了？還是就想引起大人的注意？或想要什麼東西？有經驗的媽媽可以透過哭聲來得知孩子哭的原因。

確保安全

對於任何一間幼稚園來說，確保孩子的安全應該是頭等重要的大事，天明老師就這個問題談了她的看法，我做了一點補充，寫在下面供大家參考：

首先，老師的生活要有規律。每天要有充足的睡眠時間，飲食要營養均衡，有充足的休息，才有精力照顧好孩子。

其次，不僅照顧好自己的身體，也要學會調整自己的心態。人生在世，難免會遇到各種不愉快的事情，每個人可以找到適合自己的方式來克服困難，以積極樂觀的精神對待工作。

第三，業餘時間，老師要讀書、畫畫、唱歌、接觸大自然。使自己在思考、情感、意志這三方面保持平衡。

第四，注意觀察孩子，比如兩個孩子的爭吵聲越來越大，老師就要意識到，接下去可能就會打起來。比如，某個孩子經常打人，觀察每次發生時的情況，有沒有固定的模式？一旦老師掌握了孩子打人的規律，就能在發生之前及時制止，老師可以抱抱這個孩子，或做一個手指遊戲，化解孩子內心的衝動。

第五，經常檢查室內外一切供孩子玩耍的東西，確保沒有尖銳的邊緣和稜角，確保孩子不會吃進肚子裡。戶外活動時，孩子拿著長木棍玩，木棍是很好的玩具，但長木棍可能傷著其他的孩子，老師要把木棍鋸短，或找個替代的玩具。吃飯時，湯不能放在離孩子太近的地方，萬一孩子伸手打翻湯碗很危險。

第六，幼稚園的活動安排要有規律。這樣孩子才能知道接下來要做什麼，如果經常換來換去，孩子就沒有安全感，不知道要做什麼，情緒不穩定，容易煩躁。

第七，戶外活動場地更要注意安全。如果是自然環境，小山、沙坑、樹木、草地……等，老師看管起來比較輕鬆，可以邊看孩子邊做些事情；如果有運動器材，老師就得全心照看孩子，高度警覺，不能做任何事情。

第八，定期檢查孩子玩耍的場地和運動器械，提前預防危險發生。

第九，看管孩子的老師不能太多，人多了，就會放鬆警戒。例如，郭老師以為孫老師在看管，而孫老師以為郭老師在看管，結果誰都沒有專心照顧孩子。

第十，任何時候，所有的孩子都必須在老師的視野裡。除非上廁所，否則班導師不能離開孩子。

第十一，老師要勤給孩子剪手指甲。

第十二，把具有明顯攻擊行為的孩子適當和其他孩子分開。我在英國華德福幼稚園觀摩時，班導師安排我和某個男孩一起做手工，這個男孩總是破壞別人的遊戲，或打別的孩子，可是做起手工來卻很安靜。分開不是隔離，而是找到這個孩子的興趣所在，讓他有事可做。

我們幼稚園的園長說，無論幼稚園經濟上遇到什麼樣的困難，她都會想方法堅持下去，可是一旦出現安全事故，她就支撐不住了，沒有安全作為保障，再好的教育也難以實施。天明老師在我們幼稚園幫忙時，不僅會觀察華德福幼兒班、預備班的情況，還會找每位華德福班級的老師談話。回到成都後，他仍然牽掛我們，特地寫來一封信，再次提醒我們她所發現的問題，我截取如下：

各位老師，請照顧好自己的健康，吃好、睡好很重要，這樣你們才能照顧好孩子，因為如果我們開心，孩子們也會更開心。老師之間的良好合作需要時間，而心胸開闊和誠懇的交流也很重要，幾位老師在一個班級裡工作，老師能相互配合是最重要的。老師們還要觀察每個孩子，討論他們在幼稚園裡展現出來的成長狀況，也許你們可以每隔三個星期做一次這樣的討論，分享彼此的觀察，瞭解孩子。

華德福格言：

老師的生活要有規律，並要照顧好自己的健康，吃好、睡好很重要，這樣才能照顧好孩子。如果老師開心，孩子們也會開心。

在自由和規則之間

我們班的孩子每次換衣服和鞋子時，總是有些混亂，雖然鞋架上都貼有每個孩子的專用圖示，但衣服卻沒有固定的位置。天明老師說要讓孩子們明確知道自己的東西放在何處，如果每樣東西有固定的位置，才能養成孩子守秩序，老師得學會空間的設計和利用，以便孩子養成良好的習慣，讓孩子知道自己的衣服、鞋子在哪裡，一旦形成習慣，孩子輕鬆、老師也輕鬆。

天明老師說孩子的意識和人類進化的意識有某種對應關係，幼稚園的孩子相當於人類文明的早期，那時的人們聽從部落首領的決定，他們還沒有自我的獨立意識，部落首領必須知道該做什麼。同樣道理，老師或家長決定孩子該做什麼，例如成人在開會時，孩子不能參加，而孩子也不能隨便進出老師的辦公室。

早晨活動時，有個孩子不願意參加，天明老師認為，班導師內心要有明確的期待或要求，這樣孩子才會感受到老師的期待或要求，並努力做到。受到天明老師的影響，當孩子不願參與早晨活動時，我會堅定地拉著她的手，讓她參與其中，我發現如果老師堅定，孩子也會順從的。在給予孩子自由和規則之間，我們常常掌握不好分寸，仍然在摸索中，所以天明老師建議我們把要求孩子遵守的規則寫下來。

關於吃飯時要保持安靜的規則，不只一次有人提出異議。大家圍坐一起進餐，氣氛那麼溫暖，說說話又何妨？雖然我要求孩子保持安靜，但其實不可能做到絕對安靜，總是會有孩子說幾句，只要聲音不是很大，我們老師不會制止。如果我們容許孩子吃飯時說話，很可能大家七嘴八舌，只顧說話而忘記了吃飯，孩子很容易興奮、失去自制。我發現若是百分之一百地要求孩子安靜，孩子通常只能做到百分之八十的安靜；如果我們要求百分之五十的安靜，孩子就只能做到百分之三十的安靜。

華德福格言：

幼稚園的孩子相當於人類文明的早期，那時的人們聽從部落首領的決定，他們還沒有自我的獨立意識，部落首領必須知道該做什麼。同樣道理，老師或家長應該要決定孩子該做什麼。

成為愛的純淨容器

遇到動不動就打人的孩子，幼稚園的老師們常常感到苦惱，詢問我該怎麼辦，我總回答「老師們要透過細心觀察，辨認孩子要打人的前兆或信號」，但有些老師不太明白。最近我看到《奇妙的規矩》這篇短文，立即想到要和老師們分享，我把精華截取如下：

（情況一）瑞秋不肯把從家裡帶來的玩具放進專門的架子裡，但我要求她這麼做，她通常是走到架子旁邊，卻立即轉身離開，手裡還拿著她的玩具。我拿走她的玩具，替她放進架子裡，她卻再次把它拿出來，於是我又從她手裡把玩具拿走，放在她手拿不到的地方。她尖叫著打我，我抱起她，她則用腳踢我（我脫掉她的鞋），並大聲喊叫。這種情況持續了大約五分鐘，等她安靜下來後，我又抱著她約十分鐘。她開始說要她的玩具，我便拿給她，然後她把玩具放進架子裡，對我笑笑，就和其他孩子一起去玩了。

（情況二）卡爾是這個月新來的孩子，他對一切事物充滿著強烈的熱情，在幼稚園的第一周他過得很好，瞭解我們做什麼、我們對他的期待是什麼。第二周某天午餐時，還沒有到時間，他就起身離開餐桌。我要求他坐下，他坐下了，但是又立即起身，還轉過頭看看我是否注意他。我溫和地把他抱回餐桌旁，讓他坐在椅子上，結果他又站起來離開，我又抱他回到椅子上，重複幾次後，他再也不願坐下，我把他抱在腿上，他開始哭喊、掙扎。他大發脾氣，踢我、打我、咬我，持續了約十分鐘。當卡爾停止發脾氣，他的頭靠在我的胸上，安靜地啜泣，他在休息。我們就這樣安安靜靜地坐了三十分鐘，然後他從我的腿上跳下來，高興地加入其他孩子的玩耍中。

這些活躍、好動的孩子必須為他們的精力和意圖（intentions）建構一個容器（container），**容器可以解釋為保護、安定他們的空間。**當他們經歷豐富而激動人心的生活時，他們必須有一個很強的中心（center）來把持住自己，通常一位三歲孩子還沒有這樣一個容器和中心，**必須由成人為他提供，並且建構它，重要的是成人要以愛和溫柔的力量來完成。**

抱住一位強壯且正在掙扎的孩子相當困難，然而更困難的是鬆開三歲孩子的下巴，他正緊緊咬住我的皮膚呢！**但是我們必須溫柔而又充滿愛心地這麼做，還需要有堅定的信念「這個孩子是好的」，在這種時候，我一定要看到他的內心，他想成為善良、溫和、可愛的孩子。**孩子發脾氣或發怒而掙扎時，我必須成為他的容器；當孩子和小朋友一起玩時，我必須成為他的中心。

單靠人的力量是無力面對發怒、恐懼的孩子，但是只要我的手臂擁抱著孩子，這個孩子就是安全的，他就會願意待在我的腿上。當他咬人後，我不搭理他會怎麼樣？當他說：「我恨你。」我憤怒做出反應會怎麼樣？這麼做相當於在暗示：「不，你不能信任我，我不會抱你了，我不會保護你了。」

當我是一個結實的、不會壞的、溫柔的容器，孩子就可以在此得到休息。風暴之後的平靜是最為美麗、奇妙的時刻，具有治療的效果，我們一起在尋求發現，我們是夥伴，現在我們可以一起工作。我們成人想改變行為或習慣時，首先會注意到自己冒犯別人的事情，例如在我想對別人說一些刻薄的話之前，我的胃會開始疼，當我感到胃劇烈疼痛時，我就會閉上嘴巴。我能做到這樣，是因為我體驗到內在的自我，我有一個「中心」，但年幼的孩子還沒有這樣一個地方，因此我必須為了孩子成為這個中心，必須學會辨認孩子的信號。

提姆是個男孩，打人之前會弓肩，當他三歲時，我發現了弓肩的信號，他不能忍受挫折，容易發怒，而他以攻擊別人的方式表現出來。我密切地注視他，瞭解什麼情況下，他容易受到挫折。當他一旦處於其中一種情況時，我趕緊走到他的旁邊，當他的肩弓起來時，我立即把手放在他的胸上。通常，我不需要說一句話，他就能平靜地繼續他的活動。

有時候我會小聲對他說去做什麼，或說什麼，而我從來沒有對他說過：「喂，你的肩膀弓起來了。」到了四歲，他能發現自己的某些信號，意識到需要幫助。他會四處找我，我走過去站在他的旁邊，或向他微笑以示鼓勵。五歲時，他做了一件令人驚訝的事情，班上有一位新生茱莉葉，很喜歡到處跟著我，當我去廁所時，她就不停地哭鬧。這時提姆走到她跟前，把手臂放在她的肩膀上（就像我對提姆做過的許多次那樣），安慰她說：「沒關係，老師上廁所了，一會兒她就來了。我幫你把外套穿上好嗎？」我站在廁所裡，流出了感激的眼淚。這個孩子，以及其他像提姆一樣發生轉變的孩子打動了我，他們找到了自己的中心，他們發現了真正力量和權力（power）的秘密。

具有這種力量的孩子將成為偉大的男人和女人，他們將根據自己的遠見卓識形成他們的世界。願這種遠見卓識是溫柔、自律、才華、和平的力量，我們不必害怕他們擁有的力量，應該榮耀它們，向孩子顯示如何擁有這樣的力量。在提姆的強大而專注的關懷下，茱莉葉安靜下來。提姆內心已經有了一個結實、穩定萌芽的中心。

華德福格言：

活躍、好動的孩子必須為他們的精力和意圖（intentions）建構一個容器（container），容器可以解釋為保護、安定他們的空間。三歲孩子還沒有這樣一個容器和中心，必須由成人為他提供，並且建構它，重要的是成人要以愛和溫柔的力量來完成。

直面真理

瑪格麗特（Magaret）是美國華德福高中老師，利用半年的休假，她到世界各地進行華德福教師培訓，這周她來到我們園內指導。許多年前，她為女兒尋找合適的幼稚園，參觀了三十多所幼稚園卻一直都不滿意，直到遇到華德福幼稚園，從此她和華德福結緣，二十多年前她也成為華德福老師。她的三個孩子都是從華德福幼稚園、學校畢業，女兒成為地理學專家，一個兒子是美國搖滾樂隊的成員，經常在世界各地巡迴演出，另一個兒子在一家大公司裡管理財務。她說華德福學校畢業的學生一樣能夠考上美國最好的大學，當然考上最好的大學不是目標，但孩子有這種能力的話，華德福教育不會弱化這種能力。

近日我們正被如何處理人際關係困擾，瑪格麗特以她對華德福深刻理解、豐富的實際經驗和人格魅力為我們指點迷津。她說如果有兩個人意見不合，請他倆坐下來，再請兩位學校裡的核心成員坐在一旁，讓有意見的兩個人盡情把想法說出來，每個人都要認真聽對方說了什麼。瑪格麗特說她的學校曾經有兩位老師，一位是物理學博士、一位是數學博士，他們彼此之間總是有矛盾，這時她會請他倆坐下來，陳述自己的看法，最後他倆以親切的擁抱結束。

瑪格麗特說對某個人的不滿情緒，如果到處傳播，不加以制止，會給整個學校或團隊帶來傷害。二十多年前，瑪格麗特剛去華德福學校的時候，她也會和別的老師抱怨某某人，可是聽她抱怨的老師沒有隨聲附和，卻是反問她：「你需要幫助嗎？我可以請某某和你一起坐下來談談。」瑪格麗特慢慢的瞭解，不能在背後議論別人，而她也越來越喜歡這個學校的氛圍，以至於別的學校付更高的薪水聘請她，她也不願離開。

有的時候，我們內心的確有些情緒要發洩，我們可以和最好的朋友交談，或者和學校之外的人談，因為他們不會把你說的話在學校裡到處傳播。幼稚園是年輕女老師比較多的地方，喜歡在背後嘀嘀咕咕是一些人的天性。如果**一個團體要健康成長，我們必須有直面真理的勇氣，當面把意見說出來**，這也是作為一名華德福老師必須具備的三條準則之一，另二條是富於想像力和創造力、對工作和他人要有責任感。

除此之外，一個人要克服自己的抱怨情緒，改掉抱怨的習慣，**與其埋怨別人或管理者，不如去幫助別人**。比如老師如果對園裡的某件事情處理方式不滿，可以提出更好的辦法來解決，而不是一味的抱怨；剛上任的助理老師還不熟悉工作，班導師可以幫助她或他，而不是指責別人。對於一個學校或團體，整體的生存和發展最為重要，一個人的言行不能破壞整體的團結與和諧，如果有人這麼做，就要一再地與他交談，幫助這個人直到你無能為力。

華德福的管理原則之一是民主，讓每個人有表達自己意願的機會，但不會每件事情都由全體員工來商討，例如牆上塗什麼顏色？每個人都有自己的偏好，如果集體商量，即使爭論到深夜也很難有結果。瑪格麗特的學校會把這樣的問題留給有藝術特長的老師們來決定。有些事情則必須由全體員工來決定，比如到哪裡春遊？另外還有些事情是由學校核心成員來決定，比如薪水。瑪格麗特的學校有六十多位老師，核心成員是二十位，這些人往往對華德福教育有深刻的理解、有豐富的人生經驗、有很高的威信，並熟悉學校的情況。

談到嫉妒問題，瑪格麗特為我們舉了一個例子，一位媽媽生下的第一個孩子死了，她的朋友也生了一個孩子，這位媽媽總覺得朋友不是一位好媽媽，朋友的孩子應該給她撫養。直到她有了第二個孩子，她才意識到朋友是位盡心盡責的好媽媽，原來自己是出於嫉妒所以把她想得很壞。

嫉妒可以毀掉婚姻、毀掉一個團體或一個學校，然而**嫉妒是人性的一部分，我們只能承認它、克服它**。瑪格麗特建議每次嫉妒發作時，我們可以把嫉妒從心裡掏出來，對它說：「你又來了，謝謝你和我分享，現在你可以坐下來，休息一會，然後走開。」

華德福格言：

對某個人的不滿情緒，如果到處傳播，不加以制止，會給整個學校或團隊帶來傷害。一個團體要健康成長，就必須有直面真理的勇氣，當面把意見說出來，與其埋怨別人或管理者，不如去幫助別人。

甘地的故事

這周我們班有位老師參加了在廣州的華德福培訓，她和我們分享了她的收穫，她認為作為一名老師，僅僅愛孩子是不夠的，他或她還要愛人。對此我深有感觸，要把愛真正的給予孩子，要做到老師之間的密切配合、老師和管理者之間的真誠理解、和家長的互相溝通和信任，還要愛自己的親人。

我非常感謝我們園長對華德福班級的每一個實踐，比如天然材料的玩具、沒有卡通形象的室內佈置、粉色的牆壁……等等。上周聽到有人介紹活力有機農業，她馬上又對種地產生熱情，夢想有一天我們園的孩子都能吃上自己種的菜。在條件容許的情況下，**華德福的實踐最好和農業結合起來，因為體驗人與自然的關係，也是華德福教育的宗旨之一。**

我想到天明老師來北京時，告訴我一個甘地的故事：

有一位媽媽找到甘地，她請甘地勸勸兒子不要吃糖，甘地說請兩周後再來。兩周後這位媽媽又來了，甘地便勸說了兒子。媽媽臨走前忍不住問甘地，為什麼要等兩周的時間？甘地回答因為兩周後自己才能做到不吃糖。

這個故事我早就知道了，但從來沒有想過這和幼稚教育有什麼關係，天明老師說這個故事意義深遠，代表著「**老師或家長要求孩子做到的事情，一定要自己先做到**」。我們希望孩子生活要有規律，首先自己要生活的有規律；我們希望孩子不要亂扔垃圾，首先自己不要亂扔垃圾；我們希望孩子關心別人，首先自己要關心別人。每位家長和老師對孩子都有美好的期待，就要讓我們自己先成為值得孩子模仿的榜樣。

華德福格言：

老師或家長要求孩子做到的事情，一定要自己先做到，若是對孩子有著美好的期待，就要讓我們自己先成為值得孩子模仿的榜樣。

播種節

春天到了，園裡舉辦了播種節活動，所有的人在大廳裡集合，圍成一個大圓圈。老師們帶大家唱起「早上好」的歌曲，有的老師則講了《種子》的故事，之後我們邊唱邊拉著孩子們的手，走到戶外，在空曠的場地上，我們圍成一個大圓圈，帶著孩子做了關於春天的早晨活動。

在燦爛的陽光下，我們和孩子及家長們翻土、澆水，播下了春天的種子。我們種了向日葵和各種蔬菜。活動結束了，但春天的歌聲在每個人的心裡迴盪：

春雨沙沙沙，
種子在說話：
雨水真甜呀，
我就要發芽。

春雨沙沙沙，
種子在說話：
我就要出土，

我就要長大。

以前每週五的遠足活動，有些孩子會因為點心而爭執，在某位家長的建議下，從下周開始，每周由一位家長為全班孩子準備點心，比如華德福班現在有十九名孩子，這位家長就要準備二十三份點心，包括四位老師的。考慮到食物的營養和健康，我們提議不要買塑膠包裝的零食，儘量只帶水果，比如香蕉、番茄、蘋果、黃瓜、橘子……等等。愛迪特老師也特別強調，**應該吃純的食物，就是沒有人為加工過的食物**。

加工過的食品為迎合大眾口味，添加了一些化學成分，這類化學成分會破壞孩子的大腦神經系統。美國有人做了一項實驗，給監獄犯人提供健康食物，發現他們的犯罪行為大幅減少，但是回到社會後，他們對食品不加選擇地吃，結果又犯罪了，再次回到監獄。可見食品對人的行為影響有多大。

華德福格言：

食品對人的行為影響很大，我們應該吃純的食物，就是沒有人為加工過的食物。因為加工過的食品為迎合大眾口味，添加了一些化學成分，這類化學成分會破壞孩子的大腦神經系統。

感知真實的世界

這幾周我們舉辦了華德福培訓活動，除了愛迪特老師外，我們還請到德國一位退休的小學老師，他為我們介紹了華德福小學的特色，以下我將老師們講課的部分內容截取如下：

孩子在地上打滾、哭鬧很正常。如果孩子很安靜，反倒可能有問題。孩子小的時候沒有感覺自己和周圍的環境是分離的，他與人和自然融為一體。從直立行走開始，他緩慢地從周圍環境中解放出來，直到三歲有了自我意識，才知道我是我、你是你，其實這種意識是痛苦的，也是必要的，是自我發展的過程。

孩子會用跺腳、大喊來表現自己。如果孩子沒有這個過程，家長反而要問為什麼？通常等孩子發完脾氣，家長把他抱起來，唱首歌、做做手指遊戲都可以，當孩子發脾氣時，家長要在身邊，因為如果你不在，到了青春期你便不可能靠近他了。

三歲到三歲半，**孩子會有無限的想像力**。孩子發揮想像力時，成人不要干擾、阻止，應該鼓勵，因為想像對孩子的大腦發育有益。如果孩子拿樹棍當汽車，家長不要去商店買玩具汽車給他玩，因為玩具汽車設計得太精緻，會阻礙孩子的想像力。四歲左右的孩子，會以細膩敏銳的感覺模仿大人，能夠感覺到成人之間的關係。

十二歲之前，最好不要教孩子抽象的東西，不要在孩子不能理解的時候就灌輸給他。如今西方政府希望孩子三歲就學很多東西，但是提前學知識，會提前抽取了孩子身體的能量。強迫灌輸，會導致血液迴圈不順暢。小時候被硬加的知識，長大後能用到多少？華德福教育認為，要在合適的時間，做合適的事情。

家長、老師的任務是幫助孩子在成長的道路上，找到自己的方向，如果能給孩子正確的幫助和教育，他們就能夠自我成長。四歲的孩子在倒下的樹幹上走來走去，這是他在練習平衡，成人不要干擾。孩子學習直立行走的時候，也別老是去幫助他，要讓他自己摸索走路。

孩子要多吃蔬菜，少吃甜食。其實成人也要少吃甜食，甜食不僅含糖，還有其他有害成分。糖是從各種東西裡提煉的，吃了之後血糖升高，孩子容易大喊大叫，性格變得好鬥、情緒不穩定。吃多了，小學生在課堂上坐不住、動來動去，很難配合老師的講課，建議儘量給孩子吃單純的食品，不要含化學成分。有些食品雖然標籤上寫不含糖，但含有另一種有害的甜成分，比如阿斯巴甜就會損害神經，這也要特別注意。

在瑞典，有些家長已經認識到糖的危害，規定孩子平時不能吃糖，要等周末才可以吃，但量也不能多。如果孩子要糖吃，媽媽就會說：「今天是星期一，等到星期六才可以吃。」如果在街上路過了糖果店，孩子吵著要買糖，媽媽可以說：「今天我帶的錢只夠買菜，等你生日時，我們再來買。」若是親戚、朋友給孩子吃糖果，家長更要及時制止，可以提前告訴別人你對糖果的看法，請他們不要送糖果。

同樣的方法也適用於玩具，**不是不能買玩具，而是不要買一堆**，買一個孩子最喜歡的即可。任何東西多了都不好，孩子從小要學會適量。送禮物給孩子，最好是送做手工的材料，可以和孩子一起做，即省錢又能讓孩子做上一段時間，還能激發孩子的想像力和創造力。

華德福格言：

家長、老師的任務是幫助孩子在成長的道路上，找到自己的方向，如果能給與孩子正確的幫助和教育，他們就能夠自我成長。

寵愛的界線

有家長問我，我的孩子老是被欺負怎麼辦？我建議家長不要這麼說自己的孩子，不要說「欺負」二個字。有的時候，別人搶走了孩子的東西，孩子不吭聲，也許他不在乎。有的時候，別人推了他一下，他沒有憤怒的表示，也許他心胸豁達，不計較這些小事。大人要觀察孩子被「欺負」的時候，是什麼反應，如果是由於膽小，就鼓勵他把心裡想的話說出來；如果孩子毫不在意這些糾葛，大人也就不要過問，因為孩子都不介意了，大人不必為此擔心。

孩子有那麼多的優點，家長應該多多注意他們的長處，儘量少提或不提他們的「短處」，例如被「欺負」，因為一個人是否能在社會上立足，憑的是自身的優勢。家長總是對孩子說你被欺負了，怎麼沒有反應？孩子就會形成這樣的想法「我是被別人欺負的孩子」。有的家長說我的孩子膽小怎麼辦？我也告訴他們不要當孩子的面說他膽小，以免他覺得自己就是膽小的孩子。孩子膽小可能與年齡、經歷、個性、家庭環境等因素有關，家長要分析原因，最好不要籠統地下結論。

除此之外，現在的家庭基本上都只有生一個孩子，家長對孩子的寵愛是自然的，只是在**寵愛的同時，不要超過一定的界限**。我曾遇過一個孩子不喝水，我便把杯子端到他的嘴邊，他喝一口就不喝了，我讓他用手自己端著杯子，他很快便放下杯子，有天我意識到他在家可能從來沒有自己端杯子喝過水。孩子大了，能做的事情一定要讓他自己做，一是鍛鍊孩子的動手能力，二是有益孩子建立自信，不用什麼事都幫孩子做好好的。

華德福格言：

寵愛孩子的同時，不要超過一定的界限，能做的事情一定要讓他自己做，一是鍛鍊孩子的動手能力，二是有益孩子建立自信，不用什麼事都幫孩子做好好的。

為什麼我是一名華德福老師

我們園內的園長跟我說，她曾遇到過這麼兩位家長，他們認為我們園不教孩子知識，就把孩子轉園了，其中一個孩子上了小學後，開始厭學，家長後悔當初學得太多了。另一個孩子上了別的幼稚園，每天回家要寫作業，連做夢也嚷嚷寫作業，家長意識到學習知識是漫長的過程，何必讓4歲的孩子過早背上知識的重擔？後來這個孩子又回到我們園裡了。

我想分享我從《Little Joy Skip~Essays on Early Childhood》上翻譯的一篇短文：

為什麼我是一名華德福老師（作者 Rebecah Freeling）

米茜今天第二次無故猛擊另一個孩子，那個孩子哭喊：「我什麼也沒做！我只是從旁邊走過！」我把米茜抱在我的腿上，坐在一個搖椅中，同時另一位老師去安慰受傷的孩子。大約一分鐘時間，我什麼話也沒說，我試圖感受米茜的感受，尋找一種進入她內心的途徑，很顯然，內心有某種東西使她煩躁不安，引發她的習慣行為。毫無疑問這種行為必須停止，最重要的問題是這種行為是什麼？米茜需要什麼？

我閉上眼睛，哼一首熟悉的曲調，讓米茜和我安靜下來，然後我內心浮現出一個問題並問她：「米茜，當你想這麼做的時候，發生了什麼？你內心覺得它像什麼？」她聳聳肩。我閉上眼睛，繼續哼熟悉的曲調，讓米茜和我安靜下來，然後我再次提出那個問題，但她仍然聳聳肩不回答，於是我問：

「它像火一樣嗎？」

「不！」

「它像瀑布一樣嗎？」

「不！」

「它像一陣狂風？」

「是！」

我高興得要跳起來，我們發現了一條通道。我跟她說：「我知道你不想傷害其他孩子。（她一個勁地點頭，當然，她不想傷害他們！）當那陣狂風吹來，讓它把你吹到我這裡來，我會抱著你，直到它從你身上吹走。」

米茜同意了，充滿著感激。我整天密切關注她，當狂風好像要吹來了，我靠近她，讓她容易找到我。一周後，她越來越熟練地辨認出狂風來臨的徵兆，並找我幫助。每當這時，我會放下正在做的一切，抱著她，從此之後她的攻擊行為減少了，米茜更容易和別人交往。做為一名老師，我感到深深的滿足，這就是教的含義「幫助孩子去理解自己，並照顧自己，培養他們對世上一切自然的愛」。這就是為什麼我是一名華德福老師。

華德福教育對於孩子有某些假設，其中一些是：

孩子熱愛這個世界，熱愛世上一切的人。

孩子是善的。

孩子需要慢慢地成熟。

孩子通常意識不到他們的行為怎樣影響了別人。

孩子幾乎不能夠描述他們的感受。

孩子對精神世界有鮮明的記憶和聯繫。

孩子模仿周圍成人的心情和意願。

米茜不願傷害其他的孩子，我從這個假設出發，使我尋找攻擊行為的深層原因。我理解米茜，她可能意識不到她的行為，不能向我描述為什麼打人，這促使我尋找接近她的途徑，尋找能與她交流的方式，正是在這種尋找過程中，我們才能真正地發現孩子的內心。如果我有耐心、勇氣，就能夠心平氣和地找出她攻擊行為的原因；如果我願意拋開固有的想法，我就能瞭解到孩子身上的某種活生生的東西。

華德福教師培訓的大部分內容是集中於瞭解自己。為什麼我想要教？我生命的深遠意義是什麼？關於精神世界我是怎麼想的？我和精神世界的關係是什麼？然後，我學會觀察孩子。他是怎麼走路的？他是怎麼坐的？他是帶著怎樣的心情參與某些任務和活動？這種觀察使我的感受更加敏銳，在工作中給予我很多的指導。為了滿足孩子們此時此刻的需要，每天、每周、每年，課程重新被創造，引導他們邁向最高的善。

我還學會了實踐技能：做麵包、濕水彩畫、針線活、織毛線、編織、唱歌、講故事、清潔、煮飯、黏土造型。我學會了怎樣創編一個課程，在運動與靜止、工作與遊戲、喧鬧和安靜、個體與群體之間平衡。我學會了怎樣透過針線活、搭房子、聽故事為將來的讀書做好準備；我學會透過做麵包、做飯、搭房子、唱歌為將來的數學做好準備。我明白了我有成為一名老師的能力，透過有規律的安詳時間，思考我照顧的孩子們，把我自己和他們的精神世界的最高意願聯繫起來，我的能力得到進一步的發展和完善。

我是一名新的華德福老師，正因此我保持著我的理想，我希望這種理想成熟到變成知識和智慧。我遇到的華德福老師和教過我的華德福老師，會給予我大部分的知識，而孩子們的祝福讓我擁有智慧，這就是為什麼我是一名華德福老師。

華德福格言：

老師必須幫助孩子去理解自己，並照顧自己，培養他們對世上一切擁有自然的愛。

解決孩子的問題

有一次我到泰國參與華德福會議，開會期間我詢問了幾位有經驗的老師一些問題，我把他們的回答寫下來供大家參考：

Marjorie Theyer（新西蘭華德福老師）：有些孩子不願收拾玩具，這時可以先把玩具分類好放在旁邊，然後做活動、吃點心，總有些孩子會先吃完點心，老師就對他們說：「你們願意幫忙收拾嗎？」因為收拾完後可以到戶外玩，大部分孩子們很樂意收拾，老師還可以在玩具收拾好後講個故事。

顏于鈴（臺灣華德福老師）：有三種辦法讓孩子願意收拾玩具，一是用歌曲表示把玩具放回家，二是用動作表示，三是遊戲的方式。老師要注意到孩子當天的情緒，如果有的孩子情緒不好，老師要幫忙化解。老師要觀察孩子是否玩夠？自由玩耍的時間是否足夠？玩得是否盡性？這些方面都會影響孩子是否願意收拾玩具。除此之外，老師還要明白收拾玩具的意義，收拾玩具時要心情愉快，享受收拾的過程，因為孩子會受到老師的影響。

除此之外，我針對孩子的安全問題也請教了顏于鈴老師，她說孩子玩耍時，老師應該站在什麼位置上比較合適，這些都是需要注意的，而且站好後不是一點也不動，要隨著情況隨時改變位置。比如孩子爬樹，老師要走過去站在樹下，這樣才能接住孩子。孩子走平衡木時，老師要站在中間位置。

華德福教育要求孩子玩耍時，老師要在一旁做手工或勞動，但前提是一定要先把孩子的安全擺第一，例如有些老師會很專心做手上的工作，結果忘記顧慮到孩子了，這是不允許的。舉例來說，老師在鉤毛線時，要鉤一針毛線後，就抬頭看一眼孩子。**如果園裡發生意外傷害事故，無論大小，都要向家長說明事情的經過和處理方式**。如果發現孩子總是被抓傷或去抓別人，老師和家長就要幫助孩子解決衝突，傷口容易癒合，但問題如果不解決，上了小學、中學怎麼辦？

我希望家長也能夠理解，幼稚園很難避免孩子的碰撞、抓傷、咬傷等這類事情的發生，平時家長帶孩子也偶爾會發生這類事情，何況一個班級十幾位孩子。日本教育家小原國芳說：「不發生任何錯誤與過失的教育是安全的教育，但這種教育絕不是一個好的教育。」過分地強調絕對安全，不僅讓老師心理恐慌和緊張，也剝奪了幼兒獨立探索的機會和人際交往的機會，嚴重情況下，還會剝奪孩子快樂的童年。我在一本書上看到，某個幼稚園制定了安全防範措施一百條，想想看，這樣的幼稚園，老師和孩子都得小心翼翼，能有多大快樂？我們的園長告訴家長，園內不能保證孩子絕對不受傷，但我們一定會盡最大的努力來防止意外事故的發生。

華德福格言：

幼稚園裡不能保證孩子絕對不受傷，但老師們一定會盡最大的努力來防止意外事故的發生。

學無止境

這周我持續參加了Marjorie Theyer老師、湯老師主持的幼稚園小組研習會，以下內容來自Marjorie Theyer老師回答學員們的問題，供大家參考：

問：怎樣建立孩子守規則？

答：**對於孩子不能有太多的規則，只要制定幾個最重要的規則即可，一旦孩子破壞了規則，個別情況個別處理。**同樣是打人，不同的孩子處理方式不同，老師必須瞭解孩子，並依照教育經驗和技巧來處理。例如一位孩子剛到園內不久，他的雨鞋到處亂放，老師問是誰的，他也不吭聲，其他孩子會說：「是某某某的。」老師不說話，直接將雨鞋放好，重複幾次後，這個孩子就知道該把雨鞋放好了。

規則還要考慮到孩子的年齡，例如在幼稚園裡，老師說：「請你幫我掃掃地，謝謝。」不能說：「今天輪到你掃地。」老師要用動作和歌聲來召喚孩子，而不是命令，必須到了小學一年級才可以安排值日生。

問：班導師如何與配班老師合作？

答：每天放學後，班上的所有老師和保育員要花5分鐘的時間，問問今天情況如何？如果配班老師詢問關於同樣情況、不同的孩子，為什麼處理方式不同，那班導師就要給予解釋。**當天的困惑，最好當天解決，不要等到一周或一個月後才問**，累積的問題太多會忘記具體情況，不滿情緒就會突然爆發，如果**成人之間的問題不解決，肯定會影響班級裡的孩子**。

問：怎樣幫助入園第一天的孩子？

答：新學期開學兩周內不要進新生，剛入園的孩子，媽媽可以陪園，但要逐漸減少在園的時間，媽媽陪園時間的長短，則要看孩子的情況，有時不是孩子離不開媽媽，而是媽媽離不開孩子。

問：一個故事可以講多久？

答：二至三歲的孩子，一個故事最長可以持續六個月，四歲以上的孩子，一個故事可以持續一至三周。故事重複多少次，要根據孩子的情況和故事的內容決定，不能每天都講一個新故事。講故事的時間，可以是上午也可以是回家前、午睡前，但老師千萬別講自已不喜歡的故事，或不理解的故事。除此之外，還要注意傾聽孩子的需要，有的孩子喜歡好玩的故事、有的喜歡悲傷的故事、有的喜歡平靜的、有的喜歡激動的。**老師需要意識到孩子的需要，從每一個情景中學習，向每個人學習**。

問：老師和家長如何建立良好的關係？

答：家訪很重要，以便老師對孩子能有整體的感受。孩子住在哪裡？和誰住在一起？房間的佈置是怎樣的？老師和父母的交談，能建立友好的關係，這對教育很重要，因為教育是建立在家長、孩子和老師的基礎上。

孩子是由老師和家長共同教育的，他們必須一起合作、互相幫助，家長在家教育，老師在學校教育，缺一不可，家長對老師的信任和信心非常重要。有的家長以為自己比老師更懂得教育，但家長往往只看見自己的孩子如何、只瞭解自己的孩子，但是老師卻能瞭解全班的孩子，因為老師不可能只考慮某一個孩子。如果家長和老師意見不一致，大家坐下討論，如果爭議太大，建議找與學校無關的中立者，成立一個小組，聆聽雙方的意見。

我從事幼稚教育事業後，對幼稚園的老師感到越來越敬佩，**因為越小的孩子，受老師的影響越大，而老師的付出也越大。**華德福教育認為，幼小的孩子會吸收老師的生命力，幼教老師看起來好像不是很繁重的工作，一天下來卻往往精疲力盡。

我們園由於經濟上的困境，所有人的待遇都普遍偏低，可是他們仍然任勞任怨地堅持著、互相幫助，為孩子們付出全部的熱情和才華，我為有這麼好的老師感到無比的欣慰和驕傲。這周我們帶孩子和家長到植物園戶外活動，我趁此機會和十幾位家長進行了交談，他們都非常支持老師的工作，有的家長還表示，孩子在幼稚園碰碰撞撞是難免的，他們不會責怪老師，不過一定要防止重大事故的發生。

我感謝園裡所有的教職員工、所有的孩子和家長，感謝所有幫助我們的老師和朋友們，因為有了你們，才使得華德福教育的實踐持續至今。

華德福格言：

教育是建立在家長、孩子和老師的基礎上，孩子是由老師和家長共同教育的，他們必須一起合作，互相幫助，家長在家教育，老師在學校教育，缺一不可。

CHAPTER 2

教育的路

飯前的感恩

日常生活中，吃飯是我們日復一日都要重複做的事，通常一家人坐好後，每個人拿起筷子就吃。但是我觀察到，無論是基督教還是佛教，或者在一些傳統文化裡，吃飯有另一種儀式和含意，多年前一位基督徒送我一本《讚美詩》，在書裡我發現了一首《謝飯歌》，很簡短如下：

我們會食同心感謝，
一粥一飯來處不易。
上帝恩賜同胞血汗，
華歡喜領受為人服役。

我把這首歌教給八歲的女兒，要求她每頓飯前唱一遍，雖然我們不是基督徒，但深知一粥一飯來之不易，我國早有古詩云：「汗滴禾下土，粒粒皆辛苦。」不僅有農民的辛勞，也有母親的慈愛，上帝恩賜可以理解為大自然的恩賜，認真地唱這首歌會培養孩子的感恩之心，培養孩子享受食物的同時，也要有甘願為他人服務的意識。美國猶太教哲學家赫舍爾說：「世界是這樣的，面對著它，人意識到自己受惠於人，而不是主人身份；世界是這樣的：你在感知到世界的存在時，必須做出回答，同時也必須承擔責任。」

有一年我去了河北趙縣柏林禪寺住了二天，寺院裡進餐的儀式給我留下了深刻印象。絕大部分來自農村的女信徒，她們平日最愛說閒話，可是進了餐廳，每個都變得十分虔誠，寺裡約有一百多人，卻聽不到任何吵雜聲，我置身其中，周圍肅靜的氛圍感染了我。當法師們排隊從餐廳正門進入時，全體起立表示敬意，然後眾人一起念經後才能開始吃飯。

寺院的吃飯是一種修行，或敬拜佛祖的一種禮儀，明海法師向我解釋，食物來自許多人的勞動，餐前儀式能激發人們恭敬之心。食物還來自對其他生命的傷害，即使素食，也會傷害泥土裡的昆蟲和蔬菜、稻穀上的害蟲，儀式也是為了感謝為我們犧牲的其他生命。

在泰國的一個禪宗學習中心，老師教導來自世界各地的學員吃飯前要三思，一思我為什麼吃飯？我的身體需要能量，食物進入身體提供我們生存的能量。二思我能吃到飯很高興，這世界上由於各種原因，還有許多人吃不到飯，經常處於饑餓狀態，我要珍惜這頓飯。三思食物從哪裡來？想像一幅地圖，大米來自泰國、小麥來自中國、牛肉來自美國……，食物還來自於太陽、土地、水、大氣，來自農民的辛勤耕種……，我和世界有著千絲萬縷的聯繫，三思後才開始吃飯。

我在一本介紹魯道夫・斯坦納教育的書中，得知有間八十年歷史的華德福學校和幼稚園，每日用餐前會讓學生們唱道：

大地供我們種植，
太陽讓花結果實。
感謝大地，感謝太陽，
我們真心的謝謝您。

麵包由穀物做成，
穀物靠光而生長，
光在神的臉上閃閃發亮，
神的光芒，大地的果實，
請用光照亮我的心。（註）

魯道夫・斯坦納是本世紀初德國的一位哲學家和教育學家，也是華德福教育的創始人。他曾說：「人類為了使自己更為富足，便從外在環境取用各種東西加入自己的生活中。但若不能對由外而來的東西心懷感謝、尊敬，便無法真正使外來的東西內化為自己的，這不管是對形成身體養分的食物，或頭腦中運作的知識都是相同的道理，感謝或敬畏，是人類與外面世界取得關聯的重要感情。」

我們已經久違了飯前的靜默和感恩，早飯一家人急急忙忙吃完、趕去上學或上班，午飯各自在單位或學校用餐，而晚飯一家人終於有時間平靜地用餐，又常常被電視中的動畫片或新聞打擾，注意力全都集中於螢幕上，便感覺不到自己正在享受大自然的恩賜，又怎能產生一絲一毫的感恩之情？

更糟的是父母還常把工作和生活中的煩惱帶上飯桌，或者教訓孩子嘮嘮叨叨沒完沒了。其實每個人都有心情不佳的時候，這時飯量會減少甚至什麼也不想吃，持續幾天後，身體上的反應就出來了，無力、疲乏、虛弱。不愉快的情緒透過大腦影響消化腺、分泌消化液，加重消化器官的負擔，胃腸蠕動失調，食道、胃和腸的括約肌會強烈收縮。現代醫學研究和大量臨床資料表明，胃潰瘍、神經性厭食、糖尿病、膽結石、高血壓和精神病等多種身心疾病，與人們忽視用餐時的心理有關。

飯前的靜思和感恩，可以讓我們把煩惱暫時放下，讓寧靜與喜悅充滿我們的身心。伴隨著這種儀式，我們回歸到「吃飯就是吃飯」的原本狀態，回歸到人與人、人與自然的和諧狀態。我們感悟到對大自然的熱愛、對他人勞動的尊重、對食物的珍惜、對宇宙最高力量的讚美。感恩意識不僅僅是一種感情，而且是做人的本質特徵，讓我們也和魯道夫・斯坦納學校的學生們一起吟詠：

親切的農夫，謝謝您！

親切的太陽，謝謝您！
親切的雨，親切的大地！
謝謝美味的米！

太陽的光芒，
大地的恩澤
忘不了您們的恩賜。

＊註：參考《日本華德福幼稚園》，光佑文化事業股份有限公司出版。

華德福格言：

若不能對由外而來的東西心懷感謝、尊敬，便無法真正使外來的東西內化為自己的，這不管是對形成身體養分的食物，或頭腦中運作的知識都是相同的道理，感謝或敬畏，是人類與外面世界取得關聯的重要感情。

生生不息

我常談論到愛迪特老師，說起我和她的緣分，是當初一位熱心華德福教育的瑞典商人愛瑞克（Erik）參觀了我們當時的小小家庭園，回國後他把我們需要有經驗華德福老師的消息，刊登在當地的網路上，已經七十一歲的愛迪特看到後，很想來中國幫助我們。但又覺得自己年紀這麼大了，從來沒有去過中國，連英語都不會，能適應嗎？能幫得上忙嗎？猶豫再三，心中強烈的願望還是要到中國去。我第一次見到愛迪特，她滿頭白髮、身材臃腫，一路上興奮得說個不停，我只能捕捉到幾個英語單詞，不知道她在說些什麼。

愛迪特來中國三周的時間，我安排她在幼稚園舉辦講座和手工活動，我以為她一定是累壞了，可是她眼睛炯炯有神，對我說：「我非常開心有人來聽課，我最大的心願就是在死之前，把一生的經驗告訴別人。」她指指胸口：「我的經驗全在我的心裡，不在頭腦裡，也不在書本上。」為了滿足她的心願，我安排她到處去演講，三周時間，我們去了十二個不同的場所，約五百多人聽了她的講座。

愛迪特決定每年兩次自費來北京，再次與她相遇時，她一見到我們的幼稚園就說：「我回家了！我回家了！」每天晚上她帶領老師們吹豎笛、做手工和手指遊戲。我常常忘記了她的年齡，她總是洋溢著對生活和大自然的好奇和熱情，和她相處時就好像和一位孩子在一起。

她說第一次來中國時，只能用最簡單的英語單詞，回國後，她還專門去上了英語課。現在她已經能用英語表達她的基本想法，她認為今生能在一起合作的人不是偶然相遇，是在前世的生命**輪迴中已經結下緣分**，例如在北京舉辦的培訓活動中，她覺得有的人看上去特別面熟，其實這一生從來沒有見過。**死後我們並非虛無，我們還將投生於世、幫助別人，我們可能還會相遇。如果今世結下的緣分，真的會帶到下一世的輪迴中，我們為什麼不善待所有遇到的人？**愛迪特每次說到生命輪迴時，好像不再是位老人，而是期待新生命的精靈。她說她的朋友下一輩子想要有房子、汽車、家庭等，她可以什麼都不要，只想周遊世界宣傳華德福教育，讓更多的孩子受益。

華德福格言：

如果今世結下的緣分，真的會帶到下一世的輪迴中，我們為什麼不善待所有遇到的人？有些人下輩子想要有房子、汽車、家庭等，但我們只想宣傳華德福教育，讓更多的孩子受益。

幼稚園的保育工作

愛迪特邀請我到瑞典參加華德福教育，在瑞典的二十五天時間裡，我參觀了七所華德福幼稚園、二所華德福小學、一所普通的幼稚園，還參觀了活力生態農場、人智學社區、特殊培訓中心。我也去了愛迪特的幼稚園參觀，她的幼稚園有二個托兒班，孩子年齡一至三歲、二個幼兒班，孩子年齡三至七歲。

我問托兒班的老師，一個人帶幾個孩子合適？她說最理想的是三個孩子，左手一個、右手一個、腿上再坐一個，而現在她帶的是四個孩子，愛迪特認為，有經驗的老師最多能帶五個托兒班的孩子。華德福幼稚園的比例通常是三個一歲左右的孩子配一個老師、五個二歲左右的孩子配一個老師、七個三歲左右的孩子配一個老師。四歲以上的孩子，通常十二到十四個會配一位班導師和一位助理老師。

愛迪特說越小的孩子不僅需要越多的照顧，也需要成人更多的關注，孩子還不懂與其他人分享老師的感情，他們想要獨佔老師的愛，尤其是三歲以下的孩子。愛迪特幼稚園的孩子們，來園後會先上室內自由遊戲和主課，然後是收拾玩具、早晨活動。活動結束後，孩子們仍然坐在地毯上，值日生去拿蘋果，老師當著孩子的面，把蘋果切成幾塊，不削皮，孩子們也不用洗手，值日生把切好的蘋果分給大家吃。十點半是午餐時間，午飯後，教室的地板上會鋪張羊毛毯，孩子們就躺在上面休息二十分鐘。十一點半孩子們戶外活動，而下午二點半離園之前，孩子們還要吃點心，有些孩子因為父母要晚點才能來接，所以四點才能離園，這時就由助理老師負責照顧。

我參觀這些幼稚園後，發現園內班導師的年齡都偏大，愛迪特說**幼兒需要年齡較長的人來當老師，因為孩子需要媽媽的保護；中學生則需要年輕人做老師，因為中學生需要朋友**。愛迪特幼稚園內的配班老師很年輕，雖然她對他很滿意，但只容許他工作一年，她說年輕人要經歷社會，去面對各種不同的人和事物，這樣才能成長、選擇自己未來的道路，如果最終這位小夥子仍然願意做幼稚園老師，他將會非常出色。

我發現歷經人生歷練的人，到了一定的年齡，會有一種平靜、包容、和藹的力量，他們對孩子說話極其溫和，卻很有權威，他們能達到**「媽媽」的境界，成為孩子們依賴的中心**。例如有一次戶外活動時，孩子們全神貫注於玩耍，可是當愛迪特起身想去某處時，孩子們馬上發現，問：「老師，你去哪裡？」做過媽媽的人都會有這種感受，媽媽在一旁，孩子就能安心玩耍，但媽媽一走，孩子就會感到不安。

瑞典所有的華德福幼稚園，提供的食物一律是有機素食，有位來自中國的媽媽李丹，當初是為了要替女兒找一所素食幼稚園才選擇華德福，沒想到從此後便迷戀上了華德福，她說這裡的老師們從來不會考慮價格，只想到要給孩子提供品質最好的食物。我問瑞典華德福幼稚園的老師，家長會提出要求變換午餐嗎？老師說蔬菜會隨季節有所變化，但主食和做法是不變的，比如每週四是麵包和蔬菜湯，一年四季都是這樣，只是蔬菜品種換一下。瑞典華德福老師還說，他們不會說今天是星期四，因為星期四對孩子來說太抽象，他們會告訴孩子今天是麵包日，因為每周四吃麵包。

我多次看到這裡幼稚園上午的點心是蘋果，回想我在北京辦園時，每天的水果儘量不同、換著花樣，生怕家長抱怨我們給孩子吃的水果太單一。其實最有營養的水果是當地產的時令水果，讓孩子感受到季節變化帶來的食物，而不是為了滿足口味，盲目追求多樣化，去消費反季節的食物。瑞典華德福幼稚園還把蘋果削成片，做成蘋果乾供冬天食用。

愛迪特說華德福教育的理想之一，是建立一個人與人親同手足的社會，孩子在幼稚園裡看到和學習到的內容，會影響他們將來的生活，食物端到桌子上是老師和孩子們共同分享的，而不是僅僅給孩子們的。中國有不少幼稚園，孩子吃飯時，老師要在一旁照料，不能吃飯，必須時刻準備幫助需要的孩子，這樣會讓老師心情緊繃，而孩子們也不太安心。愛迪特說老師就應該要像媽媽那樣坐下來，和孩子們一起享受美味的午餐，用餐的氣氛才會變得祥和又寧靜。

我參觀的幼稚園裡，我發現最特別的是老師從來不餵飯，對於一至二歲的孩子，老師會給予他們少量的飯，吃完再給，有時孩子吃不完，少量剩飯也是有的。在我自己辦園的經歷中，餵孩子吃飯是常見現象，一是生怕孩子沒有吃飽，二是看到某個孩子吃飯拖拖拉拉，別的孩子都吃完了，於是就想餵他幾口。看到瑞典的做法後，我覺得不給孩子餵飯，老師輕鬆多了。可能剛開始，孩子等待老師餵，但時間長了，就會明白吃飯是自己的事情。如果孩子吃飯時間拖得太久，可能他不餓、可能飯菜不合口味，老師到時也得收拾餐桌，不能無限延長時間。即使孩子偶爾一頓沒有吃飽，也沒有關係，一旦孩子養成良好習慣，將受益終生。

其實在正常的情況下，孩子是很願意自己吃飯的。**有的家長過分溺愛孩子，每一口飯都是餵的，這麼做已經不是為了孩子的需要，而是滿足家長被孩子需要的心理，剝奪了孩子自己吃飯的樂趣。**我曾經見過一個三歲的孩子，不知道喝水要把水杯端起來、吃飯時不知道要用勺子盛飯，因為家裡人從來沒有讓他自己喝過一口水、吃過一口飯。

走進不同的華德福幼稚園，表面上看似乎不一樣，房間結構不同、擺設不同，但如果走進其他類型的幼稚園，對比之下就會立即發覺華德福幼稚園的環境太有特色了。華德福教室的牆壁和窗簾是粉紅色，所有的材料是純天然的，娃娃和動物基本上都是老師自己做的，能激發孩子的想像力。在我參觀的一所普通幼稚園裡，我發現教室裡有大量的塑膠玩具、地上寫著瑞典單字、牆上貼著孩子的照片，教室帶給我的感覺有點凌亂，這和華德福教室的氛圍截然不同。

華德福格言：

華德福教育的理想之一，是建立一個人與人親同手足的社會，因為孩子在幼稚園裡看到和學習到的內容，會影響他們將來的生活。

孩子的行為問題

我在實踐華德福教育時，遇到了一些問題，剛好藉由這次到瑞典參觀華德福教育，將遇到的問題詢問瑞典老師們，以下是瑞典老師的答疑解惑：

首先是關於孩子的暴力問題，我問：「男孩喜歡拿木棍當槍、玩暴力遊戲，老師遇到這種情況怎麼處理？」老師回答：「我會告訴他們，你們可以在戶外玩，但是不可以在教室裡面玩這種遊戲。或許轉移孩子注意力的方式更好，但孩子也需要老師直接告訴他，態度不必很嚴厲，但要直截了當、語氣堅定。男孩需要玩男孩的遊戲，可以到戶外玩射擊遊戲，但不能對著人。」

關於孩子的打人問題，**如果某個孩子經常打人、某個孩子經常被打，老師會分別與雙方家長座談，尋找孩子打人的原因，也許是孩子缺少安全感。**二至三歲的孩子打人，常常是因為他的語言能力還不完善，不能充分地表達自己，當他能夠說出自己想說的話，通常打人現象也就消失了。

我在一間華德福幼稚園，見到一位被領養的中國孤兒，她剛滿三歲，入園不到一個月，非常活潑可愛，但她常常會打別的孩子。打完後，看到別的孩子哭，她會很好奇地看著。我問園內的老師：「你會告訴家長，孩子在幼稚園打人嗎？」她說：「不會！如果告訴的話，很可能家長會訓斥孩子，對這麼小的孩子根本起不了作用。」三歲的孩子還體會不到被打孩子的痛苦，老師通常是安慰哭泣的孩子，對於打人的那個女孩，不批評也不講道理，而是轉移她的注意力，讓她參與別的活動。但如果是年齡較大的孩子打人，老師會告訴他，別的孩子被打疼了，如果一再發生，就讓他坐在老師身旁，暫時不讓他和別的孩子玩。

魯道夫・斯坦納說一個班級擁有的孩子人數，取決於老師能夠應付的家長人數，孩子的問題通常是家長的問題。如果家長告訴孩子：「誰打你，你就打他。」這樣無止盡地打下去就會引發戰爭，所以**老師的責任，就是要制止衝突升級**。但如果孩子咬人則是嚴重的事情，老師會當天告訴家長，不過說話的方式要溫和，不要讓家長產生負罪感。

遇到愛講髒話的孩子，該怎麼辦呢？瑞典老師告訴我，她的班上有一個孩子喜歡說大量的髒話，**老師要態度明確地告訴他，這裡不能講髒話**。她也引述了一個故事，許多年前，猶太人從歐洲逃亡到以色列，其中有一批人熱衷於社會主義理想，建立了一個社區，規定所有的成人不許說髒話，他們以為這樣做孩子們就不會說髒話了。可是有一天，人們發現一群孩子對著一個女孩說三道四，而女孩在哭，但這群孩子說些什麼，大人卻聽不懂，想必是孩子們發明的罵人話語，因為髒話出自人的天性。

班上有講髒話的孩子，別的孩子肯定會受到影響，有的家長會反應自己的孩子回家講髒話，要求幼稚園不該讓講髒話的孩子入園。但華德福老師認為，這種孩子更需要幫助，怎麼能拒於門外？老師說曾有一個自閉症的孩子，老師越是不讓他說髒話，他越是說得起勁，老師只得告訴其他孩子，把耳朵捂起來，但不會拒絕這個孩子入園。

那麼如果有孩子喜歡講電視裡看到的血腥故事，該怎麼辦呢？老師說會把他帶離教室，讓這個孩子跟老師講就好，不需要對其他同學講。因為我們不是脫離社會、生活在孤島上的一群人，這個孩子已經看了暴力電視，他很想跟其他人分享，但讓別的孩子聽到不妥，所以對老師一個人講就好。

對於孩子的個性問題，有些家長也過於擔心。我曾在報紙上看到一位媽媽，為了鍛鍊七歲孩子當眾說話的膽量，讓他報名參加了一個電視搶答活動，當他回答不出來的時候，主持人不但沒有保護孩子的自尊，反而為了討好觀眾而取笑孩子。結果，孩子變得比以往更加內向，幾乎不再說話，媽媽痛苦萬分、後悔不已。有位老師說，**年齡較小的孩子怕陌生人、膽怯，這是很正常的，父母為這樣的孩子擔憂完全是多餘的**。現代社會有些人，往往喜歡出風頭，內心空空如也卻到處張揚，比如爭著上電視表現自己，這種人除了和性格有關外，和從小受到的影響也有關係。

老師還說，**現在的父母以為給孩子買的玩具越多、表達的愛就越多，這是錯誤的觀念**。瑞典有些孩子擁有上百樣玩具、各式各樣的衣服，當孩子成年了，有些父母還會送一輛汽車給孩子當禮物。在中國，有人問如何在家裡實施華德福教育，來自美國的老師天明（Tammy）則說：「首先，把你家的玩具收起來一部分，因為父母往往錯誤地認為，給孩子買的玩具越多、表達的愛越多。」瑞典的華德福老師說：**「孩子只需要一個娃娃、幾句話、一些故事，剩下的讓想像力發揮作用就好。」**

華德福格言：

現在的父母以為給孩子買的玩具越多、表達的愛就越多，這是錯誤的觀念，其實孩子只需要一個娃娃、幾句話、一些故事，剩下的讓想像力發揮作用就好。

走自己的路

華德福教育並沒有制定一系列的標準，來衡量一個幼稚園是否是華德福幼稚園，最主要的是老師和辦園者，是否認同華德福教育的兒童發展觀。如果認同，**每位老師可以結合本地特色，發揮她的想像力、創造力來創辦華德福學校**。我在瑞典看到，即使是同一件事情，不同老師的做法不同、看法也不同。

瑞典老師說，她的幼稚園裡，講故事時不會讓孩子圍坐一圈，而是以任意的姿勢躺在床上。她說她讀了《長襪子皮皮》的作者林格納的自傳，發現林格納小時候是睡前躺在床上聽奶奶講故事，「為什麼一定要讓孩子們都坐好了聽故事呢？躺在床上臨睡前聽故事，也許更加接近生活的真實。」於是她就這麼做了，即便有人反對。

有的華德福教室玩具較多，例如各種手工做的娃娃和小動物，還有各種木頭玩具，包括木頭汽車、火車，還有加工成弧形的木頭。**究竟一個班級需要多少玩具，是由班導師來決定。但無論如何，每周至少要有一天，孩子們玩的是森林裡的「玩具」**。

華德福幼稚園一律要求女老師穿裙子，而我在瑞典的幼稚園看到，絕大多數老師穿褲子、圍圍裙。他們告訴我，瑞典的氣候非常寒冷，穿裙子會冷得受不了，而且穿裙子也不便於勞動和爬山，穿圍裙也能有部分裙子的效果，例如圍裙的顏色可以隨季節變化，春天是粉紅色、夏天是綠色、秋天是紅色或橘黃色，冬天是藍色。

在瑞典華德福幼兒教師會議上，我遇到了來自丹麥的海倫，在她的幼稚園裡，每天除了吃飯和聽故事外，所有的時間都在戶外。談到孩子每周究竟有多長的時間該在戶外活動，澳大利亞資深華德福專家瑞娜塔（Renate）則說，這要取決於老師對孩子的觀察，如果班上的孩子已經過於興奮、激動，難以安靜下來，室內的時間就應該安排多一些。

但是與我交談過的這幾位華德福老師，至少都已經有了十五年的幼稚教育經歷，她們已經達到了自由的境界，「隨心所欲，不逾矩。」我認為**從事幼稚教育時間較短的老師，還是要遵守每周和每天的常規節奏**，我們在北京的幼稚園目前還只是開端，現狀的確還是要「循規蹈矩」的好。

談到現在越來越多幼稚教育的選擇，我發現一個人很容易偏愛自己的選擇，比如信仰某個宗教或追求某個理想，總覺得自己的宗教或理想才是世界上最好的，別的都有問題。從事教育的人也容易落到這種思維模式中，認為自己實踐的教育是最完美的，其實這某種意義上是對的，因為既然選擇這種教育，至少自己是最喜歡的，或最適合自己的。但由此排斥、甚至詆毀其他的教育理念，一個人就會變得狹隘、傲慢。

有位老師告訴我，重要的不是華德福還是蒙特梭利，重要的是什麼樣的人在當老師。如果一位華德福老師不能全身心的愛孩子、不能盡心盡責，那就不如一位全身心都愛孩子的蒙特梭利老師。我想無論何種教育，都需要老師來付諸實踐，你是什麼樣的人，比你所選擇的教育方式更加重要。

我曾遇到過這樣的指責：「這個人是華德福老師，怎麼還這樣！」我們在北京的實踐才兩年多的時間，一名合格的華德福老師至少要經過四年的成長時間，即使合格了，也並不表示我們就十全十美了，別人有的缺點錯誤，我們都會有，因為我們都是普通的人，只是願意在人生的道路上不斷地完善自己。

華德福格言：

無論何種教育，都需要老師來付諸實踐，你是什麼樣的人，比你所選擇的教育方式更加重要。重要的是什麼樣的人在當老師。

親愛的老師們

我在愛默生學院曾和一位老師討論東西方的文化，我總是說西方如何，這位老師提議最好別籠統的說「西方」，因為我們是面對面的個人在交談。我當時很不服氣，我們受到那麼多的西方影響，在討論東西方問題時，我不用「西方」這個詞，那我要用什麼來描述？這次在瑞典，我想到了那位老師的話，**當我們面對面、生命和生命在交流時，東西方的區別不重要了，種族、文化的差異消失了，留在心底的是每個人的音容笑貌、每個人傳遞出來的友好善良。**

有位瑞典老師今年已經六十二歲了，四十多歲時才決定從事幼稚教育，剛開始她覺得所有的孩子都一個樣子，班級鬧哄哄的，經過一段時間後，她才感覺到每個孩子的不同。每天要在班級建立一點點秩序，最重要的是**老師心裡要明白什麼是正確的，既然這麼做對孩子有益，就應該堅持下去。**例如剛來園裡，攻擊性強的孩子，就會讓他坐在老師身邊，看別的孩子怎麼玩。時間久了，班級的秩序就會像花開了一樣有序、美麗。

在瑞典華德福幼兒教師會議上，我站在眾人面前，生平第一次用英文演講，旁邊還有一位翻譯，把我的英文翻譯成瑞典語，短短半小時的發言，贏得了掌聲和多次笑聲。演講結束後，好多位老師主動和我說話，鼓勵我堅持下去，祝願中國的華德福教育蒸蒸日上。我想念在瑞典遇到的每一個人，他們如此敞開、如此熱情，讓我不由自主的想到，我和他們原本素不相識，也許真的是前世結下的因緣。

我想到愛迪特和我說，**外面的世界越黑暗，我們內心的世界就要有光明**。我覺得這個想法太好了，怎麼在中國傳統文化裡就沒有聽說呢？想來想去，在中國文化裡，好像沒有黑暗和光明的對比，沒有清晰的二元對立的思維。我們有陰和陽，但陰中有陽、陽中有陰，而且陰和陽不是固定的，而是相對的、可以轉化的。**華德福教育畢竟是從西方的土壤裡生長出來，怎麼適應中國的傳統文化，還需要我們中國人自己去探索**。

回想我在瑞典遇到的這群華德福老師，他們每個人都是那麼的個性鮮明，不屈服於任何權威和壓力，張顯出自己獨特的生命光彩，他們每個人都是那麼的和藹親切，竭盡所能的幫助我們。這也是華德福教育的終極理想，**發揮個人的潛能，成為獨立思考的自由人，同時擔當對他人和社會的責任，並充滿愛心**。我滿載著瑞典老師們的深情厚意，即將在北京重新開始華德福教育，願我對他們的思念化作前行的力量。

華德福格言：

老師心裡要明白什麼是正確的，既然這麼做對孩子有益，就應該堅持下去。華德福教育的終極理想，是孩子長大後能發揮個人的潛能，成為獨立思考的自由人，同時擔當對他人和社會的責任，並充滿愛心。

順應自然是早期教育的最高原則

這邊我想分享有位記者採訪我的內容，此文刊登在《中國家教高端訪談：家長必修的21堂教育課》一書中，作者為魚朝霞，內容如下：

你聽說過華德福教育嗎？

早讀書、早識字符合孩子的成長時令嗎？

電視、電腦給孩子帶來的是利還是弊？

小孩子最需要的是什麼樣的玩具？

孩子要自由，那又該如何守規矩？

傳統節日、傳統文化對今天的孩子還有意義嗎？

華德福（Waldorf）教育是一種已有八十多年歷史的完整而獨立的教育體系，一九一九年，魯道夫•斯坦納在德國創辦了第一所華德福學校。從上世紀七〇年代起，聯合國開始向各國推薦華德福教育，它在全世界日益得到支持和認可。在中國大陸，德國人盧安克最先在廣西農村推行華德福教育，曾赴英美學習華德福教育課程的吳蓓、黃曉星、張俐、李澤武等人，也在北京和成都等地開始了華德福教育的實踐。

無論什麼教育都應該適於其時

記　者：現在，年輕的家長都很重視孩子的教育，捨得為孩子的早期教育投資。但是，教育投資不一定是你投多少就回報多少、你投得越多就回報越多那麼簡單的事，不考慮孩子的承受能力、不注重全面發展的超前教育，不僅不會有預期的效果，反而會毀了孩子的童年幸福。華德福教育宣導「萬物皆有時」，這對急於早期教育的家長有何啟發？

吳　蓓：華德福早期教育以自然和大地的韻律，以及生命的週期為核心，在這種教育裡，不會有人去干擾孩子的遊戲，更不會有家長、老師去給孩子增添額外的負擔。華德福教育主張什麼事情都應該適於其時，最好的辦法是讓孩子三歲時做三歲時該做的事、四歲時做四歲時該做的事。

學齡前的孩子，正處於長身體的階段，他們的各種器官：視覺、聽覺、嗅覺、觸覺器官，都處於不斷完善之中，孩子這時的健康，會為一生的健康打下基礎。國外有研究表明：一些中老年人的疾病，追根溯源，可以追溯到他們童年所受的傷害，只是到了中老年才以疾病的形式表現出來。

孩子的身體要長好，就需要充足的運動量。孩子與生俱來的活力是透過運動來表現的，他們本能地就需要不停地跑、不停地動，需要以活動促學習、以活動促健康、以活動促發展。

兒童的學習和成人的學習是不一樣的，一些家長錯誤地認為，只有坐在家裡、教室裡，跟著家長、老師讀書才是學習，而到外面去玩沙、玩水就是在玩，而不是在學習。然而，**對於學齡前的孩子來說，玩就是最好的學習，家長們所謂的讀書、識字、算數這樣的智力學習，是孩子們到了適當的年齡才需要的。**如果提前進行這樣的智力學習，不僅會影響孩子的身體健康，還會影響孩子的心智發育。

試想，那麼活潑靈動的孩子，你卻讓他規規矩矩地坐下來，哪怕是學習十分鐘的課程，對於學齡前的孩子都是非常難受、非常不容易的事情。識字、算數是需要大腦理解、思考之後才能進行的學習。本來需要用於長身體的能量，卻用於大腦的智力學習，這必然會影響孩子真正需要的、更為重要的學習。所以，孩子的早期學習應該是以活動為基礎的學習，對於他們來說，運動、發現、體驗比什麼都重要。

此外，**超前教育不僅會影響孩子的身心健康，還會使孩子損失開放、熱情、靈活、想像力、創造力、朝氣蓬勃、好奇心……等，**這些做人的素質。如果在童年時代，孩子沒有機會發展這些素質，長大後彌補起來就會事倍功半，若要重新再培養，那就更難了。所以說，**童年是發生奇蹟**

的時候，未來的生活是童年的果實。

越原始簡單的玩具，越富有想像力和創造力

記　者：華德福教育為什麼要提倡家長、孩子自己動手做家務？

吳　蓓：孩子的早期學習，除了透過感官體驗在學習，另一方面就是透過模仿在學習。孩子看著爸爸、媽媽做什麼，就喜歡照著樣子去模仿。特別是對於二至三歲的孩子，媽媽在廚房挑菜，他們也會跑到廚房來挑菜；媽媽掃地，他們也會拿把掃帚學著掃地。再大一點的孩子，他們模仿父母的行為，雖不再像二至三歲的孩子那樣用最直接的方式表達出來，但他們會把他們看到的事情，透過遊戲的方式表現出來。

所以在家裡，家長需多給孩子一些這樣可學習仿效的機會，孩子看得見，才會學著去模仿。如果家長都是在超市把冷凍餃子買回家，往煮好開水的鍋裡一倒就完事了，孩子看不見和麵、拌餡、包餃子的過程，就缺少了可模仿的原型。

讓孩子看到日常生活的過程、看到每件事是怎麼做的，甚至看到家長做木工、種花種草，不僅會給孩子提供模仿遊戲的榜樣，還會讓孩子明白每件事是怎麼做的，一步一步是怎麼發展、完成的。如果什麼事情都是按一個按鈕就完成，就會給孩子的心靈留下許多無法彌補的認知空白。

記　者：為什麼華德福教育要宣導孩子玩天然玩具、自己動手做的玩具，而不主張孩子玩電動玩具、塑膠玩具？

吳　蓓：孩子的玩具最好是由純天然材料做成的，樹枝、圓木、樹皮、樹葉、果實、貝殼、泥沙可做玩具；碎布、棉花、麻線、紙盒也可做成玩具。**越原始、越簡單的玩具，越富有想像力、創造力**。根據遊戲的需要，孩子時刻都可變換手中玩具的名稱和用途。

孩子在沙裡、泥裡的挖掘更是典型的發揮想像力的活動，既挖了坑、修了管道、蓋了城堡，又鍛鍊了手工技能。**孩子玩的遊戲越多、想像力越豐富，以後解決實際問題的能力就越強，因為他們從小就習慣了什麼事情都自己想辦法解決，在遇到挑戰時，能夠想出各種各樣的辦法創造性地加以解決。**

如果你觀察孩子捏黏土的情形，你會發現它會讓孩子注意力集中、呼吸深沉、舒緩，捏出的東西充滿想像力。我們可以就地取材，用泥土、麵團來捏出各種各樣的動物和器具，這用天然材料就能做的玩具，會使孩子的身體更健康、行為更環保，何樂而不為呢？

大街上的芭比娃娃，眼睛那麼大、睫毛那麼長，似乎是天底下最漂亮的娃娃，但華德福教育卻認為，**那樣標準的、沒有表情變化的娃娃，不能給孩子留下任何可想像的餘地，不能算做真正**

的藝術品。孩子的大腦若侷限在這樣的思維模式裡，會影響孩子對美的理解和塑造。

華德福教育鼓勵家長和孩子一起動手做娃娃，甚至鼓勵家長、老師做些「未完成的」娃娃，讓孩子自己去想像。比如，做一個沒有五官表情的布娃娃，孩子玩得高興的時候，會賦予布娃娃一個笑顏逐開的表情；孩子心情不愉快的時候，又可以賦予布娃娃一個痛苦難受的表情。這樣的布娃娃能跟孩子交流，能隨著孩子情緒的變化而變化。**塑膠玩具沒有可塑性，不能激發孩子去想像，不能讓孩子把自己的思想投射到娃娃身上去，這就阻礙了孩子的想像力。**

至於電動玩具，它集聲、光、電於一體，表面上看起來很熱鬧、很刺激，但對孩子的創造性思維和動手能力的培養卻很不利。因為電動玩具都是別人幫你設計好的，你只需要按照別人的規距進行，**孩子被動地生活在別人的設計、構造裡，不用自己動腦、動手就能坐享別人的勞動成果，這會使孩子的腦功能一步一步走向退化。孩子自己動手、動腦建造的玩具，才能促進孩子腦部的發育。**

就算錄音機裡的歌比媽媽唱的好，還是要聽媽媽唱的

記　者：華德福教育為什麼非常重視家長、老師的榜樣作用？

吳　蓓：孩子是透過觀察來學習的，我們的形象會幫助（或阻礙）他們成為他們自己。孩子不僅會模仿家長做事，還會模仿家長說話，例如孩子之所以會說話，就是模仿家長

說話的結果。孩子的模仿能力是非常強的，家長要時刻注意自己的言談舉止，給孩子做個好榜樣。

不僅是你做什麼、說什麼對孩子有影響，你心裡想的是什麼，即使你沒有說出來，你的心態、你的情緒同樣會對孩子產生影響。孩子比成人敏感得多，大人的一點點情緒變化都會影響孩子的情緒變化，所以華德福教育要求老師進教室前，要像脫掉一層外衣般，把自己不好的情緒留在教室外面，不允許老師把自己的不良情緒帶到班級裡，傳染給心靈純潔的孩子。

華德福教育強調，老師要做一個心地純潔的人，在孩子面前不能有任何的私心雜念，因為孩子生活在健康愉快的環境中，才有可能成為健康愉快的人。除此之外，父母最好當著孩子的面，使用自然的語言、正確的辭彙、句子進行交談，並給予孩子參與交談的機會。面對面的交談能使孩子辨出聲音的細微差別，聽出「弦外之音」，因為直接交談是雙向的、非常微妙的，不僅包括眼神、話語的停頓、語氣的變化，還包括姿勢、面部表情等身體語言。

記　者：華德福教育為什麼不主張學齡前的兒童聽錄音機、看電視，而主張媽媽給孩子唱歌、講故事？

吳　蓓：華德福教育希望媽媽給孩子唱歌，而不提倡孩子聽錄音機裡的歌，即使錄音機裡的歌比媽媽唱的好聽百倍，也要聽媽媽唱的。因為，錄音機裡的歌、光碟裡的歌，是透過機器發出的，機器對孩子不帶感情，而媽媽的歌對孩子有一份特殊的感情，孩子能透過歌聲體會母愛，即使媽媽唱的歌不好聽，只要是媽媽唱的，孩子都是樂於聽的。

除此之外，我認為「電視是感覺剝奪器」，不斷地看電視，會阻礙孩子的大腦發育，對幼小的孩子尤其如此。電視干擾、取代了重要的口語、非語言和情緒的交流。因此不要給小孩子看電視，哪怕是動畫片也不要給孩子看。動畫片無論是聲音、圖像，還是顏色、畫面都製造得非常炫耀、刺激，孩子是慢慢地瞭解、認識這個世界的，強烈的燈光、色彩、聲音會給孩子強烈的刺激，會引起孩子的躁動不安、注意力不集中。

很多家長都抱怨自己的孩子注意力不集中，容易躁動不安。追溯這些孩子的成長歷程會發現，他們大都是習慣看電視、玩電腦、玩遊戲機，等發現孩子的這些問題再去糾正他的不良習慣就太晚了。**孩子的好習慣是從小養成的，壞習慣也是從小養成的，習慣一旦養成，要改變可就麻煩了。**

曾經有人做過這樣的實驗，把一個班的孩子分成兩組，一組是由老師或家長給孩子講白雪公主的故事，一組是由小朋友看動畫片《白雪公主》。兩組孩子看完、聽完白雪公主的故事後，要畫白雪公主。看動畫片這組孩子畫的白雪公主，都是他們看動畫片裡卡通形象的白雪公主；而聽故事這組孩子，畫的都是他們心目中的白雪公主，並且每個孩子畫的白雪公主都各不相同。再隔一段時間，讓他們再畫白雪公主，看動畫片的孩子，畫的還是過去卡通形象的白雪公主，而聽故事的孩子，對白雪公主的形象又消化吸收了一些，畫出的白雪公主與前面畫的又有所不同。

電視「凍結」了孩子產生自己「圖畫」的能力，他只能從電視節目中去取得他所需要的形象，所以就成了懶於思考、探索的被動接收者。聽故事能給孩子的想像力留下很大的空間，因為講故事是人類最古老的藝術形式，這種形式是人類文化的核心之一。如果先入為主地從外界接受了一個固定的形象，那麼孩子心中就永遠是那個形象，沒有任何可發揮想像的餘地了。

動畫片裡那些卡通人物，是把真實的東西扭曲變形了給人看，這種不自然、不真實的形象，對孩子的心靈沒有任何的啟迪作用。卡通人物的商業價值遠遠大於他的藝術價值、審美價值。孩子小的時候，直接接觸那些真實的風景、人物，比學別人的什麼都強。

不讓幼稚園的孩子看電視的另一層意思是，不讓他們幼小的心靈過早地接觸戰爭、車禍、暴力、兇殺這些事情。**那麼早就把現實中不美的、殘缺的、苦難的東西全盤呈現給他們，他們的心靈會承受不了，會覺得活著沒意義。**幼稚園的孩子，他們的心靈是那麼純潔，世界在他們眼裡是那麼美好，就讓他們生活在童話王國裡，健康地生活，幸福地成長吧！等他們的身體強壯了，心靈有一定的承受能力了，再讓他們去面對這複雜多變、充滿苦難艱辛的世界，就不會給他們的心靈造成那麼大的傷害、打擊了。

電視、電腦等現代電器都是孩子的「感覺剝奪器」

記　者：華德福教育為什麼主張不讓孩子過早地接觸電腦？

吳　蓓：孩子過早、過多使用電腦，有毒物質的散發、電磁波的輻射，會造成身體傷害、眼睛疲勞，久坐電腦前還會導致肥胖症和其他負面影響，如孤僻、發育遲緩等。資訊技術破壞了孩子需要的人與人的接觸，使孩子缺乏自律性和主動性，而孩子在感情上與群體關係疏遠後，會增加他們產生孤僻心理的可能性。

除此之外，電腦遊戲不要求身體的協調，只強化瞬間的頭腦反應，電腦視覺圖像創造出來的感官幻覺，會影響、阻礙孩子對重力、平衡、協調和視覺秩序的正確理解與判斷。孩子由於缺乏真實的經驗，他們很難辨別現實世界和虛擬世界的區別。連續幾個小時沉迷於殺人遊戲的孩子，回到現實生活中來的時候，會缺乏最起碼的道德約束。

兒童過早學習電腦，還會導致他們的創造力缺乏，創造力涉及人頭腦中的原初形象，需要人把直接的感官經驗和情緒反應綜合起來，找出自己內心的獨特想法，並堅持不懈地實踐它。電腦的圖像是由別人製造出來的，使用者僅用滑鼠點擊就能出現，螢幕上圖像的變換太容易，而真正創造性的生活是需要時間的。忽略了孩子的原始積累、原始體驗、原始創造力，就會使孩子以後的生活、學習越走越艱難。

豐富的感官體驗、廣泛的社會經驗是人類各種才能的基礎，當孩子閱歷豐富了，對自然、社會的原始狀態有了真實的瞭解和認識，這個時候再學電腦，會使孩子具有更大的潛力和創造力。

記　者：華德福教育非常注重家庭環境對孩子的影響，而什麼樣的家庭環境才是對孩子最有利的環境呢？

吳　蓓：家庭環境的內容有很多，包括家庭佈置、家庭色彩、家庭聲音等等。首先說一說家庭佈置，孩子都喜歡到處爬、到處摸，孩子早期觸摸到的東西對其影響最為持久。因此，家庭擺放的東西應該要是安全的、質地優良的、純天然的，最好是由絲綢、羊毛、木頭、棉花做成的，這些物品有益於孩子透過觸摸，來提高辨別各種質地東西的能力。

其次是家庭色彩的選擇，家庭牆面的顏色、每件陳列物的顏色，對孩子的視覺和心靈都有影響。有的家庭喜歡把牆壁貼得花花綠綠的，想以強烈的色彩來吸引孩子的注意力，但是華德福教育卻不主張用強烈的色彩來刺激孩子的視覺，因為孩子對色彩的反應比成人強烈，每一種顏色產生不同的內心反應，會深入影響到孩子的整體感受。

孩子接觸的顏色要儘量純正，例如孩子長時間逗留的房間應該是素淨的、溫暖的、色彩柔和的，而不應該是耀眼的、色彩明亮的、圖形雜亂的。室內最好是自然的光線，燭光和燈籠的光，能製造出友好的氣氛，應鼓勵孩子在自然的光線中應付自如，但不要讓孩子處於完全的黑暗中。

最後是家庭聲音的控制，**華德福教育不主張大聲對孩子說話，因為強烈的聲音會損傷孩子的耳膜**；**孩子若習慣了成人大喊大叫的說話聲，會養成對人大吵大鬧的習慣**。所以，平和的、自然的聲音，對孩子的成長更有利，不能以嘈雜的、強烈的、電子的聲音妨礙孩子正常的傾聽和表達。

給孩子的生活強加節律是必要的

記　者：華德福教育為什麼要強調孩子的生活，一定得有規矩和節律？

吳　蓓：一些年輕的父母，錯誤地認為西方人強調尊重孩子的自由，就不給孩子定規則，不給孩子行為限制。其實，**西方人強調的自由是一定範圍內的自由，而不是無法無天**。因為孩子是生活在這個世界中的人，不能不接受這個世界的行為準則，雖然讓孩子接受成人制定的行為準則有難度，但是再難也要堅持讓孩子去做。

很多中國家長都感到奇怪：為什麼西方人的孩子會老老實實地坐在餐桌上吃飯，而中國的孩子卻要大人追著餵飯？謎底就是，**世界上沒有天生就守規矩的孩子，守規矩的孩子是他們父母長**

期培養的結果。孩子一至二歲的時候，聽不懂父母的話，不願規規矩矩地坐下來吃飯，一坐到餐桌前就想跑開，這時家長會把他們抱回來。孩子跑一次，家長抱回來一次；孩子跑一百次，家長抱回來一百次，慢慢地孩子就養成了在餐桌前吃飯的習慣。孩子長大一點後，就可以給他們講道理了，從餐桌禮儀開始，教他們怎麼做才能成為懂禮貌、有教養的人。

孩子每天幾點鐘睡覺也是有規律的，不能讓孩子玩到晚上十點還不睡覺。二至三歲的孩子，晚上八點以前一定要睡覺；四至五歲的孩子，最晚八點半也一定要睡覺。睡前，家長要營造睡覺的氣氛，不看電視、不打電話，讓家裡安靜下來。孩子上床後，可以給孩子哼點催眠曲，或者給孩子講個睡前小故事。

有規律的生活，不僅可以使孩子身體健康，還會使孩子感到這樣的生活是安全的、可靠的。孩子養成了有節律的生活習慣，長大後也不會隨意打破這種節律。在我翻譯的《解放孩子的潛能》一書上，寫過這一段話「無論父母做出怎樣的犧牲，給孩子的生活強加節律都是必要的。節律會使他們身體健壯、精神健康，並具有康復能力，就像給了孩子一個可再生的能量源，使他們有能力應付生活中的變化。」

讓文化和自然妝點孩子的童年

記　者：華德福教育為什麼會對傳統的節日倍加重視？

吳　蓓：華德福教育非常重視孩子過節。西方人有西方人的節日、東方人有東方人的節日，一些中國幼稚園，非常重視西方的萬聖節、耶誕節、感恩節等，卻不重視中國人自己的節日，這是非常不合常理的。

中國的傳統節日都有很深的文化內涵，在跟孩子過節的時候，可以給孩子講些節日的傳說和故事，還可以和孩子一起朗誦與節日相關的詩詞、童謠，讓孩子對中國的傳統文化感興趣，自願地加入到繼承、弘揚傳統文化的洪流中。

中國的很多節日都與吃有關係，比如中秋節吃月餅、元宵節吃元宵、端午節吃粽子、春節吃餃子……吃什麼自己動手做，會更增添節日的氣氛。如果什麼節日都是到餐館去吃一頓，不僅會減少節日氣氛，還會減少家人聚在一起互相交流、互相切磋的時間和機會。

中國很多節日也與季節有關係，注重過節，可幫助孩子知曉季節的變換。周而復始的節日本質上是一種迴圈，如果把一年看成一個圓圈，那麼節日慶典就可以看成這個圓圈上的烽火臺，每個節日都帶孩子到「烽火臺」上慶賀一番，可幫助孩子發現季節的影子，從而使自己的生活和大自然四季的變化保持和諧一致的關係。

記　者：華德福教育為什麼要鼓勵家長把孩子帶到大自然中去，而不主張家長把孩子帶到商場、超市中去？

吳　蓓：帶孩子進商場、逛超市，商店裡琳琅滿目的商品、推銷員的叫賣聲，會不斷誘惑孩子去購物，使孩子小小年紀就充滿購物慾、享樂慾，這必然會沖淡孩子的情感、精神的需求。帶孩子到商場逛一天和到公園逛一天，孩子回家的心情、感受是完全不一樣的。

首先，商場裡的空氣不好，對孩子的身體健康不利；其次，商場裡花花綠綠的商品、吵雜的聲音對孩子有刺激、有污染，會影響孩子的心態平衡。當然，不是完全不帶孩子逛街，而是儘量少帶孩子逛街。**應該儘量帶孩子到自然中去呼吸新鮮空氣，體會自然的平靜、和諧之美，這樣對孩子的身心都有益。**

自然的景物，看上去很柔美、聽起來很舒心、聞起來很淡雅、摸起來很質樸。帶孩子到自然中，體會不同時間、空間變化的特點，看天空雲聚雲散，感受光線強弱的變化，不僅有利於孩子感官的發展，而且會使他們對自然的親近，超過對電子產品的親近。頭腦中有了自然的形狀、味道和色彩，就能夠把真實的體驗帶進未來的科學認知中。**孩子早期獲得自然的、真實的經驗越多，以後生活中合理判斷的基礎就越紮實。**

首先注重身心健康，再管學業問題

記　者：華德福教育為什麼不主張孩子有過多的自我意識？

吳　蓓：華德福教育不主張有小孩子的家裡擺放過大的鏡子，不鼓勵孩子天天照鏡子、不贊成孩子過分地關注自己的外表長相，也不希望他們過多、過早地關心自己在別人心目中的印象。孩子生活在群體意識中，處於物我不分的狀態是一種最佳狀態。

華德福教育也主張孩子唱歌、跳舞、表演節目，但不主張小孩子一個人登臺表演，而主張家長、老師、孩子一起唱、一起跳。大家一起唱歌跳舞，孩子沒有那麼強的自我意識，不會有緊張、做不好、被人笑話的壓力，反而會促使他們全身心地投入集體活動中。一位陶藝家曾說過，孩子懵懵懂懂無意識保持的時間越長，孩子的藝術潛質發揮的時間會越長。**孩子單獨表演會有壓力，這種壓力會喚醒孩子的自我意識，破壞孩子的自然生長節律，造成揠苗助長的副作用。**

記　者：華德福教育為什麼會竭力鼓勵孩子走進自然，而不主張孩子過早地追逐人工符號？

吳　蓓：華德福教育不主張孩子過早地接觸人工符號，是不想先入為主地干預孩子的思維，因為活生生看得見、摸得著、聞得到、美不勝收的大千世界，是孩子的思維源泉。人類剛開始的時候是沒有文字的，只是到了後來才產生了文字，文字表達的生活永遠無法和真實的生活相媲美。生活中，孩子的所有器官都是敞開著的，每時每刻都在進行著由外而內、由內而外的雙向交流。「春天」這個詞給孩子的訊息量是有限的、抽象的，而大自然的春天給孩子的感受卻是無限的。

就讓孩子天天都與貓狗、昆蟲、螞蟻、小花小草對話吧！**孩子的童真時光就那麼幾年，錯過了就錯過了，永遠也找不回來了。**文化知識的學習，到了上學年齡自然就會學，晚學2年的人未必就會輸給早學2年的人，當孩子的身體強壯了，體驗、感受豐富了，理解能力、思維能力增強了，到時再來學文化知識，不僅不會耽誤孩子，還會使孩子學得更輕鬆、更愉快、更快捷。

結語

現今一些擁有高知識、文化、有經濟基礎的年輕父母，都願意為孩子付出、為孩子投資。商場裡，嬰幼兒的食品、飲料、玩具、服裝、生活用品、床上用品應有盡有；書店裡，嬰幼兒早期讀物、胎教早教的圖書影像製品琳琅滿目；城市裡的托兒所、幼稚園更是一個比一個裝修高檔、費用昂貴，這代表家長們都願意傾盡全力，為孩子提供最好的教育。

然而，什麼是最好的教育？很多家長都是盲目、沒有主見的，以為花錢越多，所獲得的教育就越好。**其實，花錢的多少與教育效果並不成正比。**

有著九十多年優良傳統的華德福教育不崇尚現代奢華，卻能給如今的年輕父母提供一些幫助和啟迪。孩子的早期教育是有原則、有規律、有章法的，新玩意兒並非一定就是好的，老傳統、老經驗並非一定就會過時。華德福教育所宣導那種原始的、自然的、動腦動手的早期教育，對今天的年輕父母同樣有意義。

你也許還不認可它、你也許心裡認可了，但面子上還不願承認；你也許覺得太麻煩，不如花錢買教育來得直接、來得痛快，甚至你也許覺得它與現在許多的教育現實有距離，實施起來會影響孩子的小學入門……由於知識教育、符號教育、識字教育、外語教育、功利教育已在早教市場佔領了主流，所以華德福教育不主張孩子早識字、早學算數、早用電腦、早看電視，就顯得那麼違背常理。有些人認為，華德福教育鼓勵家長、老師、孩子回歸自然、回歸傳統、回歸人的基本生存狀態，就顯得那麼不合時宜。

華德福教育著眼於孩子自然生命的均衡、協調、全面、持續發展，它不會立竿見影地見成效，不會馬上被人接受認可，這是自然的、合乎情理的。但是，華德福教育確實是自成體系的、有科學依據的、有長期實踐保障的、值得我們推廣學習的先進教育。我們可以暫時與它保持距離，卻萬萬不可一下子將它拒之門外。對它多看一眼、多瞭解一點，在批判的基礎上有主見地吸收一點，有何不好？

時間和實踐都已證明：最原始的、最簡單的、最自然的、最人性的教育，才是最有生命力

的、歷久彌新的永恆教育。

華德福格言：

華德福教育不崇尚現代奢華，認為孩子的早期教育應該是有原則、有規律、有章法的，要注重的是原始的、自然的、動腦動手的早期教育。

餵？還是不餵？

我去瑞典參觀華德福幼稚園的時候，驚訝地發現無論多麼年幼的孩子，甚至一歲多的孩子，老師也從來不餵飯。三歲以下的孩子，老師給的飯菜較少，吃完可以再要，但是如果吃不完，老師就把碗收走，不會為了讓孩子多吃一口而去餵飯。

在我自己辦幼稚園的經歷中，餵孩子吃飯是常見現象，尤其是吃飯拖拉的孩子，最後剩幾口，我總是忍不住餵他吃完。看到瑞典的做法後，我想為什麼瑞典老師能做到不餵飯，而我怎麼就做不到呢？其實我並沒有深思過給孩子餵飯的利弊，看到孩子不好好吃飯，出於本能就想幫助孩子多吃一些。給孩子餵飯的預設前提是，我是成人，我知道「你需要多吃飯，而你太小還不懂」。

到底孩子多大才算懂得要吃多少飯呢？難道孩子真的是不知道嗎？吃飯是人與生俱來的一種身體本能，當孩子一歲多的時候，看到周圍成人吃飯的樣子，出於模仿的動力，他會要自己吃的。我想起以前園內有位女孩，一歲十個月來到我們的幼稚園，看到周圍的小朋友都自己吃飯，她也要自己吃飯。每頓飯她吃得最慢、飯菜灑得到處都是，可是她卻很滿足、很愉快、很享受。

現在忙碌的社會，獨生子女在家裡，有許多成人會圍繞著他，我曾看過一位四歲的男孩，他想自己吃飯，可是照顧他的老人無論如何都不讓他自己吃，一定要餵他。孩子急得要哭了，老人哄他，卻一再堅持餵飯，**這種餵飯已經不是孩子的需要，而是成人的心理需要，成人陶醉於被孩子需要的滿足裡。**

很多年前，我看過一本日本的書《母源病》，作者是一位兒科醫生。他原以為日本人的生活條件提高了，孩子得病率會減少，沒有想到出現了新的過敏性疾病，例如哮喘，靠吃藥還治不好。經過觀察後，他發現，**這類新的疾病根源之一來自於母親的過度照料，比如吃得太飽、穿得太多、運動量太少，尤其是母親包辦了幾乎樣樣事情。**

一位八歲的男孩得了哮喘，作者想盡一切醫療辦法，哮喘卻一再復發。他瞭解母親對孩子的百般呵護後，建議母親把孩子送到奶奶家裡，奶奶和爺爺開了一個小商店，利用假期的時間，孩子在店裡幫助老人、每天做些事情，沒想到在不吃任何藥的情況下，病卻好了。作者認為，這是因為男孩透過做事情獲得了自主的機會，產生了自信、心情愉快，身體自然恢復健康。**如果孩子從小得不到生活自理的機會，他的心理會受到強烈的壓抑，剝奪孩子生活上的自理，也就是剝奪了孩子的自主權，他的自信也就喪失殆盡。心理上的不健康，必然導致身體上的疾病。**

有一位三歲多的孩子，在幼稚園裡不會自己吃飯、喝水，不會拿著水果自己吃。因為在家裡，成人把飯菜送進他的嘴裡、把水杯端到他的嘴唇、把水果榨成汁或刮成泥餵他吃。當老師說：「你看別的小朋友都能自己吃飯，你也自己吃。」他就開始哭。老師意識到以後再也不能這麼說了，因為不是孩子不能自己吃，而是家人的過度照料，使他失去自己吃飯、喝水的機會。老師的責任，應該是幫助他自己吃飯、幫助他建立自信。

不僅瑞典人不餵孩子吃飯，美國人也不給孩子餵飯。西方人普遍認為吃飯是自己的事情，要儘早培養孩子獨立生活的能力，更重要的是孩子和成人是平等的，成人不能連哄帶騙地逼著孩子多吃飯，就算孩子由於貪玩、偶爾沒有吃飽，對健康的影響也不大。但有了此次的教訓後，孩子會記住下次一定要吃飽，吃飯是自己的事情，吃不飽的話就會挨餓。

往往孩子吃飯多，父母才放心，可是有的孩子就是胃口小、有的孩子在某個階段就是不想多吃飯，孩子可能比成人更瞭解自己身體所需要的飯量。**父母過多的填塞食物，以為自己是為了孩子好，結果很可能適得其反。**從小被父母餵大的孩子，不知道自己需要什麼，事事等待別人的安排。**從小自己吃飯的孩子，長大後比較容易知道自己需要什麼、知道怎麼去安排自己的工作和生活。**

有的時候，孩子吃飯拖拖拉拉，或吃的比平時少，父母可以分析原因，可能飯菜不可口？可能運動量不夠？可能孩子哪裡不舒服？可能孩子睏了？可能點心吃多了？無論什麼原因，約半個小時後就把碗筷收走，不要硬把飯菜塞進孩子的嘴裡，也不要無限地延長吃飯時間。我認為如何看待孩子的吃飯問題，對孩子的影響很大，孩子的教育或許可以從餐桌開始。

華德福格言：

父母過多的填塞食物，以為自己是為了孩子好，結果很可能適得其反。從小自己吃飯的孩子，長大後比較容易知道自己需要什麼、知道怎麼去安排自己的工作和生活。

無條件的接納

多年前，我開始嘗試華德福幼稚教育不久，美國的卡洛琳老師不遠千里，義務來幫助我們。記得她當時培訓我們時，曾舉過一個例子，她的一位朋友是盲人，養著一條狗，她看不見狗在哪裡，但每當她想讓狗回來時，她就加個意念：「某某，回來吧！」於是狗就像是聽到召喚，真的回到她的身旁。卡洛琳說，我們作為老師，如果想讓孩子睡覺，我們就得先有意念：「每個孩子都要上床睡覺。」如果想讓孩子吃飯時不離開餐桌，我們就得先有意念：「每個孩子坐在椅子上用餐。」當時我半信半疑，意念有這麼大的作用嗎？在我每周的工作日記中，詳細記載了卡洛琳老師的教導，唯有這一條我沒有記。

啃手指

有一次在北京舉辦了華德福師資培訓課程，我主要的精力放在同時開辦的托育班上。有位二歲多一點的孩子珂珂（化名），偶爾會把手指放在嘴裡，我和她開玩笑：「珂珂，你在吃什麼？」「我在吃鼻涕。」「啊，你在吃鼻涕？」她聽了哈哈笑。我們一遍遍重複剛才的對話，每當我說：「啊，你在吃鼻涕？」她就笑個不停。

珂珂的媽媽臨別前告訴我，每個人對她孩子啃手指時，都會進行任何暗示或勸說，所以她女兒聽到有人問「你在吃什麼？」總會緊張、不安、抵觸。但唯有我問「你在吃什麼？」，她毫不介意。我聽了珂珂媽媽的說法感到十分驚奇，我看到孩子啃手指時，心裡沒有任何關於啃手指的想法，更沒有要改變她的想法。孩子的媽媽告訴我，經常有好心人來告訴她，要改變孩子啃手指的習慣。有一次她帶珂珂坐計程車，司機看見了，一路上大談啃手指的危害，勸媽媽一定要儘早改變孩子的壞習慣。

反過來，我在想為什麼我對珂珂啃手指沒有想法？首先，珂珂在托育班裡很少啃手指，只是偶爾為之。其次，她那麼年幼，我覺得啃啃手指是正常的。其三，我的幼兒知識比較缺乏，從孩子的啃手指行為中，引發不出關於孩子是否心理有問題的聯想。有的人知識比較豐富，會想到啃手指說明孩子的某個方面沒有得到滿足，或是心理不安的表現，諸如此類。

對於成人來說，別人心裡想什麼，我們很難感覺到；但年幼的孩子卻能感覺到，別人心裡想的是什麼，即便別人沒有說出來。試想一下，當好心人首先想到：「這個孩子啃手指不好，我要幫助她改變。」孩子可能感覺到：「我在她的眼裡，是個啃手指的孩子，啃手指不好，她要改變我。」孩子沒有感覺到被別人接納，而是被評判、被指正。**如果我們能夠為孩子設身處地的想一想，就自然能理解孩子對好心人感到的緊張、抵觸。**

許多年前，我看過一本書《五體不全》，作者是日本人，生下來就沒有四肢。封面上的他，露出燦爛的笑容，書中描述了他的成長經歷，雖然沒有四肢，但一樣活得自信、快樂，在老師和同學的幫助下，他參加了幾乎所有學校的社團活動，高中畢業後，他還考上了大學。為什麼作者在重度殘疾的情況下，還能這麼健康？原因就來自媽媽。他剛出生的時候，醫生們很害怕媽媽見到自己的兒子，一個勁地拖延母子相見的時刻，他們擔心媽媽看見兒子，會不會暈過去？最終，醫生做好了一切搶救措施，沒想到醫生把五體不全的兒子抱給媽媽時，媽媽很自然地接了過來，摟在懷裡說：「這是我的兒子。」作者說他的幸福就取決於這一瞬間。

對於殘疾的孩子，我們要無條件的接納；對於性格不同的孩子，我們要無條件的接納；對於有不良行為的孩子，我們還是要無條件的接納。無論啃手指是否合適、如果我們的確出於好心，想要去改變，那也必須首先要接納孩子，無條件的、全然的接納，而不是首先想到孩子的某個習慣不好，要去改變。

打人的孩子

三周的培訓期間，有個男孩強強（化名）用棍子打了另一個男孩的頭，當然這不是一件好事。漸漸的，一些人在議論強強打人的事情，到了後來每個人都認為「強強愛打人」。在強強用棍子打那個男孩之前，我沒有看到，也沒有聽說過他打人，但自從打人事件發生後，我在教室裡發現他會打別的孩子，我還聽到別的家長和老師反應強強愛打人。培訓最後一天的上午、最後半小時的課程，我沒有參加，我和強強一會兒拿鋸子鋸木頭、一會兒拿斧頭砍木頭，這個時候他是個願意嘗試、願意合作的快樂孩子。

午飯，我和他們母子坐在一起用餐，強強先吃完就離開餐廳。過一會兒，有位媽媽進來，告訴強強的媽媽：「你出去看一下。」等強強的媽媽離開後，她對我說：「強強打別的孩子，其他人在議論強強喜歡打人。」一會強強回來了，他氣呼呼的，嘴裡嘀咕著不滿的言辭，事後我聽說他打了一位比他小的女孩。

我心裡很難受，強強不是愛打人的孩子，但他的確多次打人了，這是為什麼？我在想，大家對他的議論，是不是強化了他的攻擊行為？以前，有家長當著孩子的面問我：「我的孩子老是被欺負怎麼辦？」我說：「你不能這麼說自己的孩子，我們要具體情況具體分析。你的孩子可能並沒有覺得自己被欺負了，他可能對別人搶他的玩具無所謂。」如果家長認為自己的孩子被欺負，時間長了，孩子就留下烙印：「我是被別人欺負的孩子。」**家長給孩子貼的標籤，就成為孩子對自己的認同。**

強強第一次打人後，一些人的議論或想法，是否給強強留下了烙印：「我就是愛打人的孩子？」一旦遇到不順心的事情，他就出手打人，反正大家都已經這麼認為了。如果僅僅片面地去看待一個男孩動手打了其他的孩子，很容易同情被打的孩子，也很容易對攻擊者產生憤恨。

我曾看到一篇報導，在法庭上，有人問到一位死刑犯，為什麼他會那麼殘忍？他說從小到大，沒有人對他說過一句溫柔的話。**一位不被接納的孩子、一位被貼了壞標籤的孩子，長大後自然會仇視社會。**我不能說強強打人僅僅是因為一些人的議論，但至少我們**不要根據孩子的一個行為或重複多次的行為，就輕易下結論。**我們可以描述事情發生的經過、可以探討事情發生的原因，但千萬不要說：「某某就是愛打人的孩子」不僅不能這麼說，連這樣的念頭也不能有。

即便你的孩子恰巧就是被打的孩子，出於母親的本能，容易對攻擊者產生偏見、憤怒，但也不妨試試站在一個更高的立場上，愛別人的孩子如同愛自己的孩子。因為**唯有無條件、全然的接納孩子，在理解的基礎上，才能去幫助孩子。**我們心裡想的會影響我們自己的言行，還會影響到周圍年幼的孩子，慎思才能慎言，才能慎行。

華德福格言：

一位不被接納的孩子、一位被貼了壞標籤的孩子，長大後自然會仇視社會，我們不能根據孩子的一個行為或重複多次的行為，就輕易下結論。因為我們心裡想的會影響自己的言行，還會影響到周圍年幼的孩子，慎思才能慎言，才能慎行。

自然角佈置

有好幾年的時間，我走訪了將近二十個不同程度，實踐華德福幼稚教育的幼稚園，我嘗試把所見所聞，以及自己的收穫，陸續整理成幾篇小文章，供熱心華德福幼稚教育的家長和老師參考。

每個華德福幼稚園都會佈置一個自然角（在每個教室的小角落佈置），並且隨著季節的輪迴而變化（也可以稱為季節桌、四季桌），某種程度上來說，這是表達對自然萬物背後力量的崇敬。記得在英國留學期間，日本同學告訴我，在茶道表演中，藝人的著裝、室內的環境佈置要和季節對應，例如春季，藝人穿的是有春天圖案的和服、牆上掛的字畫與春天有關，就連茶具上的圖案也應和著春天的氣息。我想中國古代也最為強調天人感應、天人合一，肯定也會有室內的環境佈置要反應出季節變化的相關論點。

我原本是大學的物理老師，最沒有房間美化的意識，我的家曾經就像物理實驗室，單調、乏味。自然角的佈置也許不該由我來談論，但目睹一些幼稚園的自然角和老師的困惑，我還是鼓起勇氣和大家分享。這些年受到華德福教育的薰陶，使我漸漸對自然角和環境佈置有了一些感覺，我到各地的家庭園參觀後，開始對自然角和環境佈置有了想法，在我佈置自然角的時候，心裡想的是和季節對應、搭配協調的色彩、讓整個佈景鮮活起來。但有的時候，也要受到條件的限制，利用現有的材料和場地進行。底下我參考曾翻譯過的作品《解放孩子的潛能》，並加入我自己的所見所聞和感受，分析自然角佈置的七個要素（註）：

1．房間的一角比較合適，兩邊要被牆壁包圍。一塊彩色的布鋪在桌子上，牆上釘上一塊棉布或掛一幅畫，創造出所需要的意境。

2．自然角要反應出四季的變化，反應出季節的內在特徵。牆上、桌上的布或絲綢，主要顏色建議春天用淺綠色或粉紅色、夏天用綠色或深綠色，而秋天可用的顏色有黃色、紅色、橙色、紅褐色，冬天用深藍色或藍色。染色的薄棉布要很輕，容易釘在牆上，也容易折疊後保存。最初我是根據華德福的要求來選擇不同季節、不同底色的布或絲綢，但時間久了，如果秋天用藍色來做自然角的底色，我就感覺不太對。如果老師和家長，自己對不同季節的色彩比較敏感，可以按照自己的想法來佈置，這裡的建議僅供參考。

3．桌子上要擺設的物品如下。

春天：鮮花、放在盆裡的球莖、開花的樹枝、發芽的種子、發芽的柳樹枝。

夏天：鮮花、鮮草、貝殼、海星、一瓶蜂蜜、麥穗、西瓜、香瓜等。

秋天：各種水果、蔬菜、堅果、各種顏色的樹葉、板栗、花生、紅薯、玉米、南瓜、稻穗、麥穗、松果、皂角、秋天的花草等，還可以把豆類和稻穀、小米等放在玻璃瓶裡，擺在自然角上。（可以參考我部落格圖片中，自然角秋季一至五：http://photo.blog.sina.com.cn/waldorfbj）

秋天是豐收的季節，擺放的果實可以有三個層次，最下面一層擺放花生、紅薯、蘿蔔等地下收成，第二層擺放地面上的收穫，例如南瓜。最上面一層則擺放樹上或藤上結的水果、堅果，如蘋果、柿子、葡萄、石榴、核桃等。

冬天可以放上常綠的樹枝（如松樹枝）、松果、有芽的柳樹枝、水晶、大白菜等，放一盆水仙能增加冬季自然角的盎然生機和美麗，不過要注意北方冬季室內溫度較高，需要時常把水仙放在陽臺上，以免它的葉子長得太快。

4·無論什麼季節，都可以放上石頭、貝殼，它們是自然角上的焦點。甚至可以把彩紙或稻草做的星星、太陽和月亮釘在背景上。

5·在適當的位置，擺放一些人物、動物、圍欄、房子等，會讓整個場景更加富有生活氣息。

6·可以把季節性的水果、蔬菜、鮮花作為裝飾，主要佈景以人物、動物為主題。家裡養的動物和人生活在一起，比如豬、狗、貓、雞、鴨子等，和佈景中的人物較接近。野生動物生活在森林裡，比如老虎、獅子、狼、狐狸，距離人的生活較遠。人物可以有男人、女人，有爺爺奶奶、爸爸媽媽、孩子，不需要各種人齊全，但我常常看到女孩偏多。

7・讓孩子儘早地參與自然角的創意、採集和展示，維護相關的用品，並加以保管，直到下一次再用。

一旦佈置好了，自然角上的任何東西，不能拿去玩。起初，看到孩子一定會去拿，老師要一遍遍地告訴他們，可以看不能拿，或是輕輕拿起，看完後放回原位。反復幾次，通常孩子就會遵守自然角的規矩。

＊註：參考《解放孩子的潛能》第八章，馬丁・洛森著、吳蓓譯、人民文學出版社出版。

華德福格言：

每個華德福幼稚園都會佈置一個自然角（在每個教室的小角落佈置），並且隨著季節的輪迴而變化，某種程度上來說，這是表達對自然萬物背後力量的崇敬。

空間佈置

經常有老師問我，孩子在遊戲室裡奔跑怎麼辦？我想大致有四個原因會使得孩子在遊戲室裡來回地跑動。第一，老師沒有要求，美國的一個華德福幼兒班，老師明確要求孩子室內不能奔跑，如果發現哪個孩子跑了，老師要求他或她回到開始跑的地方，重新走一遍（但這個班級的孩子都是四歲快滿五歲的年齡）。第二，孩子年齡偏小，家庭園的孩子從二歲半到六歲都有，容易在室內奔跑的孩子，往往是四歲以下的孩子。第三，孩子還不會創造性的遊戲，有的孩子從一般幼稚園轉來，面對華德福的玩具，不知道要如何玩。第四，空間的佈置創造了孩子奔跑的機會。

老師需要逐一分析其中的原因，並且要提醒孩子，戶外可以奔跑，但室內要走路。除此之外，還需要仔細觀察孩子，他們正在進行什麼樣的遊戲，然後進入孩子的遊戲中，加以轉換，例如孩子在玩開車遊戲，老師可以扮演員警，紅燈亮停一停，或者說：「汽車跑累了，需要到加油站加點油。」然後引導孩子搭建一間加油站。對於上述第三個原因，老師可以增加戲劇演出，在說故事時間演戲，也可以在自由遊戲時間，臨時編排一齣戲，等孩子們進入情境後，老師退出。

底下我特別談一下第四個原因，因為我看到好幾個家庭式的幼稚園，空間佈局沒有結構，通常是把客廳作為活動室、玩具櫃沿牆擺放，中間留出整塊的空間供孩子玩耍，有的客廳直接與餐廳相連，或者與另一個小的活動室相通。這樣在自由遊戲時間，孩子們就會從客廳的一頭，跑到餐廳或小活動室的另一頭，或者玩開車遊戲，從這一端開到另一端，暢通無阻，並且常常伴隨著大聲喊叫。老師們很苦惱，明知自由遊戲時間，不該讓孩子在活動室裡來回跑。

在英國的一所華德福幼稚園裡，我看到有娃娃屋、建築角、商店角、廚藝角等，每個空間的角落都有特別規劃。如果按照功能把空間劃分開來，老師可以規劃出良好的空間，讓孩子不會輕易地從房間的一端跑到另一端。

我想特別強調，並不是說華德福幼稚園裡，一定要依功能性劃分區域，國外也有一些華德福幼稚園沒有設置功能區域。我是針對孩子在室內來回奔跑，聯想到可以按功能區域來劃分，如果園內孩子玩得很盡興，其實也不一定要將空間劃分出來。

另外要申明，我個人不擅長幼稚園室內空間的佈置，甚至可以說不懂空間佈置。在此我只是分享我的所見所聞和一些感受，以下我將空間佈置分為六個方面介紹，供大家參考：

▲廚藝角

我特別推薦佈置廚藝角，幾乎每個我走訪的園都有適合孩子的餐廚具，但缺少一個特定的區域供孩子來玩。廚藝角可以是一面靠牆，而兩面有玩具架，第四面可以敞開，也可以用繩子和布拉個簾子。廚藝角也可以兩面靠牆，一面放置玩具架，另一面敞開或做個簾子。總之，廚藝角是個特定的地方，和周圍的空間有所區分。

廚藝角裡需要一個桌子，二至四個小椅子放在桌子四周。桌子上擺著小碗、小勺、小碟子、小杯子等，也可以放幾個假裝是油鹽醬醋的小瓶子。我最初辦園的時候，設計了一個廚藝角，但「餐桌」上空空如也，有一次美國華德福老師天明（Tammy）來園指導，她在「餐桌」上擺放了小碗、小勺等，立即給人不同的感覺，好像一切都準備妥當，就等客人入座，這樣孩子玩起來更加容易進入情境。

周圍的玩具架上建議擺放和廚藝相關的玩具，例如鍋鏟、筷子、蒸籠、切菜板……等，或者買個玩具爐子和鍋子，可以參考我部落格裡的照片。

我的經驗是，孩子們幾乎每個都喜歡玩做飯做菜的遊戲，我曾經參加北京的華德福師資培訓，那時辦了一個托育班。第一天，有二十多位年齡二至六歲的孩子要進到班上，雖然有些孩子提前一天入住，但讓他們立即和媽媽分開，挑戰還是很大的。那天早上，一部分孩子由媽媽帶著去小樹林，有老師等著他們，還有一些孩子，媽媽帶進了活動室，而我就是用買菜做飯的遊戲，把一個又一個的孩子吸引住了。「我們來做紅燒豆腐，沒有醬油了，誰去買一下？」孩子說：「我去買。」「還缺少生薑。怎麼辦？」另一個孩子說：「我去買。」過了一會，「買來了，在這。」我忙著把材料放進鍋裡，假裝在炒菜「做好了，拿碗來裝菜吧。」

不僅對於剛入園的孩子，做飯做菜的遊戲很管用。對於大孩子，也可以發展更加複雜的廚藝遊戲，例如有一次孩子們玩起了開「火車」遊戲，他們邀請我坐在火車車廂裡，還問我要吃什麼?我說：「你們把菜單拿來。」於是有位五歲半的孩子，找到紙，認真地做起菜單來，在紙上又塗又畫。

▲建築角

建築角基本上是玩木頭玩具的區域，我發現僅僅把樹幹鋸成一小段還不夠，其中一個原因是，鋸的不夠均勻，原始狀態的木頭一個一個搭建時，不容易站穩。建議搭配一些加工過的彎板或長方形大小不同的木塊，也可以增加木頭做的玩具汽車（可以到我的部落格裡看照片）。

在建築區域鋪塊地毯是個好主意，這樣任何東西掉落到地上就不會發出太大的聲音，可以減少噪音，可以在自由遊戲時間把地毯鋪開，遊戲結束便把地毯收起來。年幼的孩子特別喜歡坐在地上，或在地上爬，有塊地毯會溫暖一些。

男孩子通常比較喜歡玩搭建房子的遊戲，老師可以給他們準備一些大型的木頭和木板。有一次德國華德福教師之友的負責人娜娜，參觀了北京幾個家庭園後，問適合男孩子的玩具在哪裡？

男孩子需要使用他們的力氣，需要一些有力量的東西，比如可以鋸木頭、搬運重一點的東西。國外的華德福幼稚園，室內還放有大的原木（可以到我的部落格裡看照片）。

老師可以縫製幾個像小枕頭那麼大的沙袋，裡面裝進沙子，外面用二、三層的布縫起來，以免沙子漏出來。在我原來的班上，有些男孩子非常喜歡重重的沙袋，他們會讓我把沙袋放在他們的背上，然後像烏龜似的背著沉重的「殼」在地上爬來爬去。

▲室內的光線

活動室裡不能太明亮，若是朝南邊的窗戶，在陽光燦爛的日子裡，還需要用薄的窗簾遮擋一下，室內和室外的光線要有區分，因為太亮的光線容易讓孩子太興奮。有的幼稚園，說故事時間需要點蠟燭，這時請記得把窗簾拉上，因為暗一些的光線，容易讓孩子平靜專注。

另一方面，活動室光線不足，大白天像是傍晚、晴天像是陰天的話，對於孩子和老師都不好。瑞典的自殺率全球最高，主要原因是冬天的黑夜來得太早，下午三點天就暗了，早上九點才日出，**光線不足會讓人心情沉悶、沮喪**。我曾看到一個家庭園，一樓的公寓房，活動室的外面是陽臺，光線不能直接照進來，室內靠近陽臺的牆上開著門，光線透過陽臺的窗子照進門裡，再進入活動室。本來光線就有些暗了，老師還在門和陽臺的窗子之間，佈置了一個娃娃屋，娃娃屋的布屋頂擋住了部分光線，再加上門的邊框裝飾著一些簾子，顯得活動室更加暗淡。這種情況下，保證充足的光線遠比美觀更加重要，於是後來我們把門上的裝飾拿走，把娃娃屋搬到另一個地方，才讓活動室明亮許多。

另外，室內儘量不要開燈。我在英國華德福幼稚園學習期間，遇到陰天讓活動室光線很暗，老師也不開燈。我問為什麼？老師說，要讓孩子感受由於天氣變化帶來的光線明暗的變化，反正園裡的孩子不用讀書寫字，不需要開燈。如果哪天實在需要燈光，也最好用壁燈，讓燈光照在牆上再反射出來，讓燈光變得柔和一些。

▲粉紅色

關於牆壁的粉紅色，我辦園前曾經諮詢過國外資深的華德福老師，對於中國的孩子，也適合用粉紅色嗎？對顏色的感覺有文化差異嗎？比如對紅色的反應，中國人和西方人一樣嗎？至少對於白色的感受是不同的，傳統的中國人在葬禮上要穿白色的衣服或服飾，而西方人則是在婚禮上穿白色婚紗、葬禮上穿黑色衣服。

但這位華德福老師沒有給我答案，於是我還是牆壁刷上粉紅色，不過我刷牆的粉紅色加入了黃色和藍色的顏料，紅色最多、其次是黃色，藍色加的很少。去年，我遇到一位熱心華德福的媽媽，她告訴我，她曾想把孩子的臥室也刷成粉紅色，請教了一位風水先生後，認為不妥。我們生活在現代社會，不能迷信風水，但至少從一個方面來說，對於牆壁刷成粉紅色，中國傳統是有不同看法的。

中國有些華德福家庭園，不僅牆壁是粉紅色，室內的整個色調也是粉紅色為主，以致國外的華德福老師看到後，都認為太多的粉紅色了。在瑞典的一所華德福幼稚園，我看到活動室、廁所、通道、換衣服的房間、餐廳，牆上的顏色都不一樣。我還聽說，瑞典北部的一所華德福園，由於氣候的原因，冬季時間長、光線暗，活動室刷的顏色是淡黃色，因為如果刷粉紅色的話，光線會更加暗淡。

▲因地制宜

我想到多年前我去了山東省平度市的華德福幼稚園，通常華德福幼稚園是不用塑膠的玩具和用品，但是這裡的地上鋪的卻是塑膠地墊，孩子們在地墊上玩得很開心。我在英國留學時，曾問過老師，什麼是華德福幼稚園的標準？比如，不許使用塑膠玩具，如果用了，就不是華德福幼稚園了嗎？老師說，**是不是華德福幼稚園，關鍵要看是否認同華德福的兒童發展觀，如果認同，就可以結合當地的文化和環境，進行創造。**

這個幼稚園裡的孩子能吃、能睡、會玩，每個孩子的狀態都很好，而園長更在附近租了一塊田地，她帶著孩子們一起種菜、澆水、收獲，一起摘菜、洗菜，一起分享。我對她的園產生了由衷的羡慕，在大城市裡的家庭園，到哪裡能找到這樣的田地？

我想到有一位熱心華德福教育的媽媽，為了追隨華德福教育和大自然的貼近，在郊區租了一間房子，自然環境是理想了，但開辦一年多的時間，由於路程太遠，沒有幾個孩子能夠送過去，這時她才意識到幼稚園能否生存下來，也是很現實要考量的層面。在西方華德福教育的理想，和中國文化與現實之間，如何尋找平衡，需要發揮每個人的探索精神，**我喜愛華德福教育的原因之一，是它沒有設定框架，它容許每種文化、每個個體，有自己的獨特之處**。

以上談的是家庭園的佈置，也就是說，家庭園的房間原本是居家用的，不是為幼稚園設計的。理想中的幼兒活動室很寬敞，不僅作為幼兒玩耍的地方，也可以用餐、繪畫、做手工等，所有的活動在同一個空間，老師便於管理。家庭園的活動室偏小，有時需要另設一個餐廳，於是孩子的繪畫、手工、點心、午餐都在另一個房間，有的家庭園還專設一個講故事的房間，也有的把早晨活動和講故事的空間，共用一個房間。空間佈局本來就沒有絕對的標準，在家庭園的空間局限下，只能依據現有的情況加以利用。

華德福格言：

是不是華德福幼稚園，關鍵要看是否認同華德福的兒童發展觀，如果認同，就可以結合當地的文化和環境進行創造、佈置。華德福沒有設定框架，它容許每種文化、每個個體有自己的獨特之處。

建立幼兒的作息規律

華德福教育十分強調每日有規律的安排，即重視呼和吸的節奏。國外的華德福幼稚園通常只有半天的時間，我見過時間最長的瑞典華德福幼稚園是到下午二點半結束，但我們因為特殊情況必須安排全天，目前正是冬季，一日的流程大致如下：

8：30～9：30　室內自由遊戲、主題活動
9：30～9：45　收拾玩具
9：45～10：05　早晨的晨圈活動
10：05～10：30　洗手、點心、喝水
10：30～11：30　戶外活動
11：30～11：45　回教室、洗手、喝水
11：45～11：55　故事
11：55～12：00　餐前準備
12：00～13：00　午餐、餐後洗碗、漱口、準備午睡
13：00～14：30　午睡
14：30～15：00　起床

15：00～15：30　喝水、點心

15：30～16：30　戶外活動

16：30～16：40　離園準備、結束

可供選擇的主題活動有：手工、濕水彩、清潔、烹飪、蜂蠟等，而每周有一天整個上午去遠足，每個園需要根據自己的情況來決定一日流程和主題活動。通常考慮到氣候因素，每年的「十一」放假之後到「五一」放假之前，天氣比較寒冷，早上先是室內自由遊戲，十點半後開始戶外活動；「五一」放假之後至「十一」放假之前，天氣轉暖，早上先是戶外活動，十點半開始室內自由遊戲。

■戶外活動

每天要保證有充足的戶外活動時間，早上一個小時，下午一個小時，國家幼稚教育大綱裡規定，幼稚園每日戶外活動時間不少於二個小時，**華德福教育認為七歲之前是發展孩子身體的重要階段，需要給予孩子大量的身體自由活動的時間**。我自己在辦園過程中，老師們每天堅持帶孩子戶外活動二個小時，即便在北京寒冷的冬天，這樣時間久了，孩子們的身體鍛鍊出來了，很少生病，當然如果是遇到大風、大雨或沙塵暴只好作罷，讓孩子在室內玩耍。

由於冬天天氣比較冷，我在幾個幼兒園裡發現，家長們普遍送孩子入園比較晚，比如應該八點半入園，結果遲到半個小時，甚至一個小時。於是有的園就把原先的時間安排往後延遲，擠壓了戶外活動時間。到了午睡的時間，由於孩子早上起床晚，中午不能按時入睡，有時折騰到下午二點才睡著，睡到四點才起床，吃完點心就該回家了，這樣下午的戶外活動又取消了。

一方面，家長要提高時間觀念，什麼時間該做什麼，不必分秒不差，但基本上每天在固定的時間裡，儘量安排同樣的事情，比如一日三餐的時間，每天早上起床，晚上入睡的時間。作為成人，有規律的生活可以強健身體和意志；對於孩子來說，則能帶來安全感，養成良好的生活習慣。

另一方面作為幼兒園，不能一味遷就家長的時間，既然事先告知了家長每日時間流程，就必須執行。老師們可以一再提醒遲到的家長，下次早點送孩子來，甚至也可以召開家長會，大家一起討論為什麼孩子按時到園是很重要的事。孩子來晚了，很難融入其他孩子的遊戲中，或者當遲到的孩子剛開始投入玩耍時，就該收拾玩具了，孩子沒能盡情的玩耍，就會影響到下個階段，甚至影響一天的情緒。

我曾在電視裡看到一位專家說，日本幼稚園培養孩子有三個目標，其中之一是比約定的時間要提前十分鐘到達，**日本人從幼兒時期，就開始培養遵守時間的習慣**。但在中國，我常常遇到開會時間過了卻沒有人到，或者上課時間到了，還有人姍姍來遲，好像大家已經習以為常，每次遲到總有理由。我想也許人的天性缺乏時間觀念，尤其是東方民族，我們受到西方工業化的影響，才建立起時間觀念，**幾點上班或上學，我們需要有意識的去培養不遲到的習慣**。

有位媽媽帶著孩子去英國留學，有天早上她提前把孩子送到學校，她以為就像在中國一樣，只要和老師打個招呼，讓孩子早點進校沒有問題。結果沒有想到被校長嚴詞拒絕，對於學校來說，老師還沒有到上班時間，怎麼可能照看你的孩子？對於這位中國媽媽來說，她覺得很受傷害，不就是早了幾分鐘嗎？我在英國華德福幼稚園見習的時候，孩子們是八點入園，老師通常都是提前十五分鐘到園，早到的家長帶著孩子在門外等待，八點到了才開門，極少有孩子遲到。我的妹妹在美國做了三年半的華德福幼稚園配班老師，她說很少有遲到的家長，無論是冬天還是其他的季節。

當年我辦園的時候，園內孩子數量不多，但是到了冬天時，早上八點提供早餐，家長們送孩子來普遍會遲到，甚至到了八點四十分，人都無法到齊，老師們要到廚房不停地加熱早餐，帶給我們工作上極大的不便。外國老師來了，要求我們告知家長八點十五分要停止供應早餐，八點十五分以後到的孩子，沒有早餐。那時我很掙扎，如果孩子八點十六分到園，難道就不能吃早餐了嗎？外國老師說，我們提前告知家長了，家長知道這個問題，他們自己去解決。外國老師走了之後，其實這條規定沒有嚴格執行，因為遲到幾分鐘就不讓孩子吃早餐的話，讓他們餓著肚子我於心不忍。現在想一想，孩子因為遲到沒有早餐，這是家長的過錯，我們用不著內疚，因為家長有了一次教訓，下次一定能夠記住。

建立生活規律

有的家長擔心孩子上華德福幼稚園，將來是否能夠適應小學？我認為按時入園就是為上小學做的準備之一，因為在一定的時間要做一定的事情，這不是隨心所欲，想怎麼樣就怎麼樣，這些都需要父母為孩子建立起生活規律。早上按時入園，需要孩子適當早起，早起的前提是晚上要早些入睡。

我問許多家長，你們的孩子晚上幾點上床，發現幾乎沒有孩子八點之前上床的，常見的是九點或九點半上床，也有孩子晚上十點甚至更晚入睡。媽媽們說孩子不肯睡覺，或者是爸爸下班回家較晚，比如晚上八點才回家，到家後總要和孩子玩一會，這樣很容易到了十點才上床。早上媽媽又捨不得叫醒孩子，有時睡到八點才起床，因為媽媽們覺得孩子還小，上幼稚園遲到沒有關係。

英國有對夫妻每周會安排一個晚上放下孩子，外出浪漫一下，增進夫妻的感情。我在英國留學時，周末去照看他們的二個孩子，大的六歲、小的二歲，晚上我七點半到這個家裡，孩子們已經在媽媽的幫助下刷牙、洗臉、換睡衣。接近晚上八點的時候，孩子們安靜地上床了，夫妻倆離開後，我不費吹灰之力，就讓二個孩子乖乖入睡。

孩子的生活規律完全是由父母來決定的，家長缺乏遵守作息時間的意識、生活隨意散漫，孩子的生活就不可能有規律。如果我們把孩子的利益放在第一位，家長就要順應孩子的作息時間，而不是讓孩子來適應家長的時間。一位華德福老師認為，無論父母做出什麼樣的犧牲，給孩子生活規律是很重要的。

良好的睡眠習慣

在《解放孩子的潛能》一書中，作者馬丁・洛森寫道：孩子在節奏中茁壯成長，童年期，有節奏的家庭生活，以及學習過程的節奏，對孩子未來生活的影響不可估計。節奏使他們身體健壯、精神健康，並具有康復能力，就像給了孩子一個可再生的能量源，使他們有能力應付生活中的變化，甚至成人生活中的混亂。

這裡說的節奏，可以理解為有規律的生活，書中還給家長建議，如何讓孩子有良好的睡眠習慣：

* 建立常規的作息時間，最好在孩子和家長雙方感到疲勞之前。
* 收拾房間是讓孩子安靜下來的活動。
* 鼓勵他們自己洗漱、換睡衣，從越小的時候開始越好。
* 帶領孩子作睡前準備時，既要輕鬆又要明確：「這是我們要做的事」。
* 別把上床當作一種威脅。

* 建立短時間的睡前習慣，如燈光變暗、講一個小故事、禱告、拉好被子和晚安的吻，都有平靜的效果。

* 離開家外出時，仍然要保持作息習慣。

對於比較興奮，難以安靜入睡的孩子，可以用熱水泡泡腳，躺在床上後，媽媽輕輕地按摩孩子的身體，哼唱搖籃曲。有次夏令營的晚上，一、二年級男孩的寢室裡，到了熄燈睡覺的時間，還是吵吵鬧鬧，一位年輕的男老師見狀很生氣，罰男孩們蹲馬步，罰完後，等老師一走，男孩們依舊吵吵鬧鬧。我去了這間寢室，把燈關了，給孩子們講了一個故事，然後為他們把毛巾被拉拉好，蓋得舒服一些，輕輕地拍拍他們的身體，輕聲哼唱搖籃曲，這時寢室裡彌漫著寧靜祥和的氣氛，孩子們很快入睡了。

關於晚睡晚起的危害、早睡早起的好處，已經超出了本文的內容，有興趣的家長可以上網搜索，中醫方面也能找到許多相關的論述。我想強調的是，**孩子的生活規律取決於家長，如果家長明白了怎樣做對孩子有益，那就一定要堅持下去！**

下午起床時間也要定時，我辦園初期，有的孩子很難入睡，一旦睡著就很難喚醒，我們也不忍心叫醒他，結果經常一覺睡到下午快四點鐘。孩子的媽媽反應，以前上傳統幼稚園的時候，晚上八點多就能睡覺，現在上了華德福園，晚上要到十點才能睡，怎麼回事？於是我們狠下心，不論他幾點入睡，到時間就叫醒。

除此之外，我也發現有一些孩子，不分場合肆意妄為，不懂得行為界限，或者一旦要求得不到滿足就大發脾氣、無休止的哭鬧、動手打家長。這樣的行為，原因是有很多種，但我建議家長不妨審視一下孩子每日的作息時間是否規律？**建立基本的行為規範，可以從遵守作息時間開始，因為外在的約束，會慢慢轉化為內心的約束、對自我的約束。**

華德福教育不僅重視一日的規律，還有一周的規律，比如每周一的主題活動都是濕水彩畫，每周一的飲食都是一樣的，還有一年的四季輪迴，冬天要講冬天的故事和童謠，每年到了一定的時候，會舉行節日慶典。我們的祖先不就是這樣生活的嗎？日復一日、年復一年，生活在大自然的節奏中、生活在傳統的節奏中。**我們成人可以擺脫大自然的約束，但要付出健康的代價，不過對於年幼的孩子，家長們還是要堅定地給予孩子規律的作息。**

華德福格言：

華德福教育十分強調每日有規律的安排，有規律的生活可以給孩子帶來安全感、養成良好的生活習慣。孩子的生活規律完全是由父母來決定的，家長缺乏遵守作息時間的意識、生活隨意散漫，孩子的生活就不可能有規律。

兒童繪本的選擇

幾乎每個家長都會給孩子買繪本，有的孩子才二歲，家長就已經買了近一百本，有時我會和家長們討論繪本，但為了與更多的人分享，我還是把自己的一些想法整理出來。但是我不是研究繪本的專家學者，只是出於對兒童教育的關心，淺談涉足的繪本領域。我看過的繪本也有限，肯定還有許多我沒有看到的精彩繪本，這篇文章免不了有侷限性，希望能夠激發更多家長來討論分享兒童繪本。

◆最美的繪本

我的女兒已經很大了，記不清她小時候我是如何為她選繪本的。我對繪本的真正關注，其實來自於七十多歲高齡的瑞典愛迪特老師，她每次來中國幫助我們，都會帶上幾本繪本。愛迪特老師在一次講座中說道：「孩子看到的圖畫必須非常美麗，色彩、內容應該健康、積極、美好。卡通、漫畫、可怕的怪物儘量不要給孩子看，他們不理解那是什麼。」圖畫在德語裡是「榜樣」的意思，孩子看到的畫面會內化成他的一部分，漫畫、卡通、可怕的怪物無法給孩子的內心帶來和諧。

愛迪特老師給我們展示了她心目中最美的繪本是什麼樣的，而且她把最美的繪本留給了我，可惜我不會拍照放在文章裡。繪本的色彩是鮮豔的，但又是柔和的，像一幅幅藝術作品，不是電腦製作的色彩。畫面中的形象是朦朧的，整個畫面也是朦朧的，是水彩畫的效果，給人的感覺是童話裡才能出現的夢幻世界。

還有一本愛迪特老師推薦的繪本，是關於毛毛蟲變蝴蝶的故事，沒有什麼故事情節，文字是瑞典文我看不懂，但欣賞畫面時就能明白。講述的是毛毛蟲從出生到化蝶的一生，牠遇到過樹葉、花朵、雨水、彩虹，經歷了白天和黑夜，牠見到蝸牛、螞蟻，還不小心被蜘蛛纏住，眼看快要被吃掉，天使來解救牠了，最後毛毛蟲變成一隻美麗的蝴蝶，向著蔚藍色的天空飛去。

我非常喜歡這個繪本，色彩淡淡的、柔柔的，毛毛蟲畫得小小的，當然不是小得看不見，而是作為主角的毛毛蟲，作者沒有為了突顯牠的地位刻意張揚。每幅畫面讓人感到毛毛蟲是生活在大自然懷抱裡的，牠在自然中是小小的、寧靜的。

相比之下有些繪本為了突顯出主要人物或動物，把人或動物畫得大大的，這樣彰顯人或動物的畫法，我有點不喜歡。當然出於情節需要，個別畫面突出重點人物或動物也很好，但如果整個繪本都是這種風格，我感覺作者是在突出自我了。

小小毛毛蟲的畫法，讓我感到作者的態度是收斂的、謙卑的，尊重大自然和兒童的，不想突顯作者的意識，或者把作者的自我藏在了畫面之外。我感受到這樣的作者是為了兒童，或站在兒童的立場進行繪畫創作，而那種整個繪本都畫得很誇張的作者，則是投射進了很多作者主觀的理解，或者作者的用意是體現自己的想法和風格。我看這樣的繪本時，感到作者的自我撲面而來，有些咄咄逼人，作者沒有把小讀者放在第一位，而是把自己放在第一位了。

◆感知真實的世界

華德福的教育觀點不贊成給孩子看卡通類的繪本。澳大利亞的湯（Than）老師，認為對於成人來說，卡通可以是一種娛樂形式，但幼小的孩子會吸收環境中的一切，卡通人物是對人的扭曲、變形、嘲笑，孩子把這種形象吸收進去，就會變成他的一部分，或他會努力要往這方面發展。我們要給年幼的孩子提供真實的、具有藝術品味的圖畫，因為給予孩子美好的東西，孩子就會對美好的東西心生嚮往，他的心靈也會變得更加美好。

除此之外，有的媽媽在孩子不到一歲的時候，就開始讓孩子看繪本、字卡，這麼做我也覺得不太妥當，應該要先讓孩子對周圍真實的人、動物、大自然產生興趣，而不是先對繪本或書本產生興趣。我聽說有的孩子太早認識字卡上的蘋果，結果真的看到蘋果時卻不知道是什麼，因為繪本、字卡、書本都是人造的，畫面再美也美不過大自然的造化。請問一個真實的蘋果、一幅蘋果的畫、「蘋果」二個字，哪種方式給你的感覺最豐富？真實的蘋果有色、香、味，還可以拿在手上，用嘴來品嘗，而畫中的蘋果只能在平面上展現形狀和顏色，文字就更加抽象了。

愛迪特老師建議，在孩子看到狗的圖畫之前，最好先看到真實的狗，因為**孩子應該先感知真實的世界，再接觸人工的世界，不要顛倒過來**。有的家長可能會問，長頸鹿到哪裡能夠看到？如果沒有見到過長頸鹿，就不能給孩子看長頸鹿的繪本嗎？對於比較年幼的孩子，我回答是的。不看長頸鹿的繪本，不知道長頸鹿長什麼樣子，有什麼關係？年幼的孩子需要的是玩耍，需要接觸的是真實的世界，孩子是否知道長頸鹿的樣子，在我看來和健康童年沒有關係。

我覺得**孩子三歲左右再看繪本，一點也不晚**，為年幼的孩子選擇繪本，最好一幅圖上只有少數幾樣東西，比如只有二、三樣東西，畫面比較簡單、色彩比較單純。年齡越大的孩子，畫面可以複雜些、色彩多一些。畫面上色彩比較多的，我覺得比較適合六歲以上的孩子。

有時讓孩子看看黑白的繪本、很少色彩組成的繪本也很好，老子也曾說五色使人目盲，過多的色彩令人眼花撩亂。例如黑白色繪本《在森林裡》、《森林大會》（瑪莉荷艾斯著），我第一眼看到就很喜歡。除此之外，繪本買回家後，不要急著講給孩子聽，理想的情況是先讓孩子自己看，發揮他自己的想像，過一、二周後，家長再講給他聽。但是**在家裡，給予孩子能夠隨意翻閱的繪本不要太多，比如不要把幾十本都拿出來，也許有五、六本就夠了，過一段時間再換其他的。**

佛洛伊德認為夢將成人的擔憂、內疚和願望，以象徵性的方式表現出來；貝克爾海姆則認為童話是兒童的夢，幫助孩子宣洩不安、快樂、恐懼、仇恨等，舒緩孩子內心的焦慮。童話的結局通常是圓滿的，使孩子最終得到心理的安慰，我們每個人都做過夢，夢裡有美景有快樂，有恐懼也有悲傷，**而孩子透過童話故事來滿足內心的某種需要，那是我們做父母給予不了的東西。**

◆童話中的善與惡

如果故事裡有恐怖的內容能否給孩子看？其實童話中的邪惡，也是孩子內心邪惡的投射，隨著閱歷的增加，成人會越來越感到人性的複雜，我們自己的內心，也會有狡詐、欺騙、仇恨、報復。這些醜惡的心，不是等到我們長大後才有的，兒童時期也會有不同程度的內心黑暗，不過年齡越小的孩子，內心越是光明。**建議給越小的孩子看繪本或講故事的時候，故事裡的壞人或魔鬼不要太明顯，或不是很壞，甚至故事裡可以沒有壞人或魔鬼。**對於越大的孩子，故事裡的壞人或魔鬼、妖怪之類的可以越厲害，本事越大，做的壞事也越大。但無論如何，**故事結尾要圓滿，因為「善良」的欲望要壓倒或戰勝了內心的「魔鬼」**。研究童話的學者認為，沒有童話裡的魔鬼或怪物、妖怪、鬼之類的邪惡代表，孩子無法更好地懂得自身的惡魔，不知道怎麼控制它。

有些父母以為，給孩子講的故事裡沒有壞人壞事，只有好人好事，這樣孩子就可以長成善良的人，這樣可是大錯特錯。心理學家貝特萊姆說，若是不讓孩子聽野蠻和殘酷的童話，他們就無法宣洩可怕的衝動，因為童話裡的壞事讓孩子感覺到，不是他一個人想幹壞事，而故事的結局，總是制服了壞人或魔鬼，讓他覺得自身的邪惡被清除了。

童話中的壞人或魔鬼，既可以是內心黑暗的象徵，也可以是未來人生道路上遇到的阻力。故事不僅告訴孩子有這些壞人的存在，還告訴他如何去面對，孩子在無意識層面上獲得的教益將深埋心底，當遭遇到類似情景時，這些教益將使孩子在無意識層面上做出反應。雖然故事中的壞人壞事對孩子的心理成長是有益的，**但家長不僅要考慮孩子的年齡，也要考慮孩子的性格來給予孩子這些故事。**有的孩子聽後感到害怕，家長就不要再講這個故事，等孩子長大一些再給他講。選擇的故事，家長可以先讀一遍，確保繪本的內容和畫面不會把孩子嚇壞了。

我特別喜歡蘇博士（Dr.Seuss）的繪本，二十幾年前我就買過他的中文版《萬用衣》，書中不僅畫面奇異，他創編的故事也非同凡響、趣味盎然，我也收集過他的英文版繪本，我覺得這是小學生學習英文的最佳讀物之一。蘇博士的想像力和繪畫實在是太獨特了，他的繪畫不是那種美麗朦朧童話的意境，而是充滿著活潑的童趣和大膽的無與倫比的想像，讀後會給我這樣的成年人留下無窮的回味。

◆經典故事

華德福教育建議給孩子多聽一些民間故事，少一些現代作家寫的故事，因為現代作家必定帶有現代的意識，而孩子的意識狀態更加接近古代人的意識。格林童話最早就是來自德國的民間故事，而我們中國有五十六個少數民族，足夠我們去選擇適合孩子的中國民間故事。瑞典的華德福老師也曾對我說，中國的孩子一定要用中國的故事來滋養，我們之所以是中國人，不是僅僅由於**黃皮膚**、**講漢語**，還因為我們有自己的傳統，這個傳統不僅僅是書本裡寫著的經典，也應該包括口耳相傳的中國民間故事。

我還想提醒家長，**千萬不要給孩子看太多的繪本**，在華德福幼稚園一個故事可以重複講二～三周，起初我不理解為什麼，但想做華德福教育就只好照辦。最近幾年我發現一個故事重複講述的深刻含義，**孩子真的不需要太多的故事，就像太多的色彩會讓人目盲一般，太多的故事會讓人心亂**。

有位小學一年級的孩子，上課無法集中注意力，媽媽說她有時每天會給孩子一天講八個故事。現在的家庭，到了晚上家長有時不知和孩子玩些什麼、做些什麼，孩子喜歡聽故事就一個接一個的講，雖然我不能說僅僅是因為故事講得太多，孩子才會注意力缺失，但**太多的故事會讓孩子思緒紛亂，腦海裡的念頭一個又一個**。

臺灣漢聲出版社的林淑麗老師，對我講過她的一段經歷。女兒小的時候，她的工作實在太忙，整天沒有時間陪伴女兒，但漢聲出版的童書，她是一本本買回家給女兒看。等到女兒長大成人，留學美國時，她想女兒都快三十歲了，不需要童年時代的繪本了，就送給了一位朋友的小孩子。萬萬沒有想到，女兒得知後非常生氣，一定要媽媽把那些繪本要回來。林老師萬分尷尬，送給別人的東西怎麼好意思要回來？女兒說：「那些繪本陪伴我度過童年，已經成為我生命的一部分。」因此我建議各位家長在準備掏錢買下繪本的時候，不妨想一下，這本書是否能夠陪伴孩子成長？值得留念一生嗎？

華德福格言：

童話中的壞人或魔鬼，既可以是內心黑暗的象徵，也可以是未來人生道路上遇到的阻力。無論如何，故事結尾要圓滿，因為「善良」的欲望要壓倒或戰勝了內心的「魔鬼」。

自然界中的精靈

我第一次見到風水先生，是在德國漢堡的Jinisch公園裡，「拯救未來」基金會安排一位風水先生向自然之友考察團介紹大自然裡的精靈。我覺得非常好奇，科學發展到如今，竟然還有人相信精靈？風水先生告訴我們，童話故事裡的仙女、小矮人、精靈等，並不是幻想或迷信，她們是大自然生命的擬人化。他請我們閉目安靜專注一棵橡樹，站二公尺外向樹緩緩移動，同時伸開雙臂和手，感覺大樹的「氣場」在何處，是哪一種生命力？風水先生比劃給我們看「氣」在哪裡，可惜肉眼是看不見的，能夠看見或感受到精靈的人，恐怕需要具備超凡的能力。

許多年過去了，我投身於幼稚教育後，多年前瑞典華德福資深老師愛迪特來我們園指導時，帶來幾本精美的兒童繪本。其中一本《根娃娃》的故事非常吸引我，根據愛迪特的講述大意如下：

冬天躲在地下的小精靈，一個個都在睡覺，大地媽媽喚醒他們：「起來吧，孩子們，冬天也不能睡懶覺啊。你們還有好多的事情要做。」大地媽媽讓每位小精靈做一件彩色的衣服，他們一針一線縫完衣服後，大地媽媽讓他們把地下的屋子打掃乾淨，把昆蟲身上的髒東西擦掉。第二年春天到了，小精靈們從地下鑽了出來，他們穿上自己的彩色衣服，來到了大地上，把大地裝扮得五顏六色。他們來到森林，森林裡綠葉茂密，充滿生機，小動物們快樂地奔跑、遊戲。他們來到池塘，池塘裡的魚活蹦亂跳，荷花盛開，蜻蜓飛舞，秋天到了，大地變成了金黃色，成熟的稻穀在陽光下搖曳。一陣北風吹來，樹葉嘩嘩落下來，小精靈們覺得好冷啊，冬天要到了，他們趕快回家，重新回到了大地媽媽的懷抱。

愛迪特老師已經是七十多歲的人了，她說小的時候就喜歡看這本書，她把這本書帶到中國來，向我們推薦。冬天萬物蕭條，地面上看不到大自然的蓬勃生命力，但在地下的世界裡，還是充滿著生機，小精靈們在不停地忙碌著。等到春天到來，地下的小精靈來到了大地上，到處是鳥語花香。大自然的生命力是用故事裡的小精靈、根娃娃來表現的，對於孩子來說，更加形象化，充滿著童趣。

我曾不止一次聽人說起，孩子能夠看見成人看不見的一些事物，所以我們可以把小精靈理解為大自然生命的擬人化，也可以理解為大自然裡真的存在著我們肉眼看不見的精靈。在中國的傳統文化裡，土地公公是土地生命的象徵，也許古代的風水先生真的能夠看見土地公公？龍是否是水的精靈？我們還有火神、雷神、風神……，不同的文化裡，都有一些象徵自然生命的神或精靈。魯道夫・斯坦納也曾說：「童話描述了我們靈魂最深處的經驗，即使那是以一種明快的、輕鬆的、圖景的方式來進行描繪。」（註）

海豚出版社的張冬，在一次讀書會上看見了《根娃娃》的這本原文書，他對我說：「吳老師，我一定會盡最大的努力，出版這本書的中文版，讓更多的孩子讀到，而且我要請你做翻譯。」某天，她打電話來說已經買到這系列的三本英文版權書，版權已經談妥，就等我翻譯了。這是我第一次翻譯兒童繪本，自然的精靈在繪本裡用娃娃來表現，我翻譯了其中的三本《根娃娃》、《風娃娃》、《朵兒和雪娃娃》。由於是給孩子們看的，在尊重原文的基礎上，譯文需要注重口語化的感覺，故事主要用講述的。

大人們讀這套書，也許可以重溫童年在大自然中的玩耍，而孩子們讀這套書，也許他們和大自然中的精靈可以直接對話。自然中的花草樹木、風花雪月其實和我們有相同之處，他們有著清新活潑的生命活力，善待自然，自然就會善待我們。這套書所用的紙張，是來自國際認可的環保紙，從原材料的開採、加工、製作，都符合嚴格的環保要求，張冬說既然我們做這套書的用意是提倡人與自然的和諧，那就應該在每一環節上儘量做到減少對自然的傷害。

現在正是冬天，根娃娃們在地下忙碌著，等到春天到來，根娃娃們就會給大地披上繽紛的色彩。

一年三百六十五，
周而復始從頭來。
草木枯榮分四時，

一歲月有十二園。

*註：參考《童話的詩學》，魯道夫・斯坦納著、鄭岩譯。

華德福格言：

自然界中的花草樹木、風花雪月其實和我們有相同之處，他們有著清新活潑的生命活力，善待自然，自然就會善待我們。

華德福幼兒園常見問題探討

我大約觀摩了全國各地三十多家實踐華德福教育的幼稚園（以下簡稱華德福園），聽到一些幼兒老師和家長的困惑。我曾經寫過三篇關於華德福園存在的問題和建議：《淺談華德福幼稚園的空間佈局》、《淺談自然角的佈置》、《建立幼兒的作息規律》。目前全國實踐華德福教育的幼稚園已經有二百家以上，我想把一些共同困惑的解答寫出來，供家長與老師參考，也歡迎熱心華德福幼稚教育的人提供寶貴意見。

1.是否可以提供積木？

積木指的是長方形、正方形和各種圓形的木頭，可以是買來的，也可以自己加工。有的資深華德福老師不贊成給孩子玩加工成幾何形狀的木頭，但有的資深老師認為可以，是否提供積木由你的園自己決定。

我的看法是可以，因為積木可以讓孩子搭建房子等，而純天然的木頭搭建起來比較困難，當然要優先考慮初級加工過的木塊，初級加工指的是僅把木頭鋸斷，把扎手的地方打磨平整，沒有刻意去加工幾何形狀。

2.是否需要每天讓孩子畫畫？

我曾去過一個幼稚園，看了孩子們把畫疊得高高的，幾乎每張畫都在濫竽充數，寥寥幾筆完成任務。這個園每天下午孩子起床後，讓孩子畫畫，而每個月、每個孩子大約畫二十張，一年下來，估計畫了一百張。於是，我產生了困惑，為什麼要叫孩子每天畫畫？

我去瑞典參訪時，向那裡的資深華德福老師請教這個問題。她說，打個不好聽的比喻，孩子需要畫畫，就像人要上廁所。也就是說，除非出於自身的需要，不需要刻意安排孩子去畫畫。來自巴西的資深華德福老師也說，她的園每周一次畫粉蠟筆畫，平時如果某個孩子提出想畫畫，當然也可以畫。

多年前，我曾親耳聽一位國外老師說，畫畫多麼重要，最好每天讓孩子畫畫。於是我們就安排午睡起床後，提供畫紙和粉蠟塊，孩子可以隨意，想畫就畫。如果畫畫變成例行公事、變成是每天必須完成的一項任務，那麼在我看來，就是浪費紙張，毫無意義。

3.孩子畫畫時需要老師在一旁畫嗎？

通常不需要。老師在一旁畫畫，孩子看見，可能他會覺得自己畫得不好，沒有信心了，還有他可能會模仿老師的畫。如果孩子剛來園，需要老師陪伴，或者孩子不會使用粉蠟塊，老師可以示範。總之，根據情況來決定老師是否需要在一旁畫畫，這並沒有統一規定。

4.房間裡的牆壁必須是粉紅色嗎？

華德福教育認為，幼稚園的牆上塗上粉紅色，最適宜幼兒。但我認為這個粉紅色不是把紅色稀釋後塗在牆上，我調顏色是用紅、黃、藍三色調出來的，紅色最多、黃色少量、藍色更加少量。我在瑞典北部的一家華德福園發現，由於這裡冬天時間長，房間裡常年光線不足，所以教室的牆壁上不是粉紅色。除此之外，也不是每個房間的牆上都必須是粉紅色，瑞典的華德福園裡，通道、廁所、換衣服的空間，牆上有淡綠色、淡黃色、淡橙色等。

5.娃娃屋用的布必須是粉紅色嗎？

娃娃屋用的布可以用粉紅色，也可以不用。如果牆上的粉紅色已經很突顯，建議娃娃屋的布不用粉紅色，可以用淡雅的黃色、橙色、綠色等等，或者其他的紅色系列、黃色系列，或者二至三種素淨的顏色搭配。教室的顏色，取決你想營造什麼樣的氛圍。

6.四季桌上的擺飾孩子可以拿嗎？

我在學習和實踐華德福過程中，國外老師告訴我，季節桌上的東西不能讓孩子觸碰，我很贊同這個論點，因為教室裡這個地方是很特別的，孩子不能動。但是我最近遇到的資深老師卻持反對意見，她說孩子可以去拿四季桌上的東西、在季節桌上玩耍，但不能離開。玩的時候要珍惜，玩好後，儘量按照原來的樣子擺放回去，但如果不能照原樣擺回去也沒有關係。她說孩子對事物的瞭解是透過觸摸，有些東西如果真的不能讓孩子拿，就把它放在櫃子裡。

7.新入園孩子的家長可否陪園？

我覺得是可以的，我問了其他資深的華德福老師，也說可以。至少，華德福沒有規定新生的家長不能陪園。華德福教育的確認為班級成人太多對孩子有干擾，但新生需要慢慢適應新的環境和人，尤其是第一次入園的小孩子，和家長分離是很痛苦的，僅僅在戶外活動時間讓家長帶孩子來適應，還是不夠的。

是否陪園，以及陪園多久？都是園裡自己決定，既要根據新生的情況，也要考慮到整個班級的情況。

8.每天要保證多長時間的戶外活動？

我見到有的華德福園，上午只外出玩一個小時，甚至不到一個小時，下午睡到三點，甚至三點半，四點吃下午點心，然後就準備回家了。竟然沒有下午的戶外活動時間！我在英國看到，即便是雨天，老師仍然帶著孩子們外出。

無論如何，一年四季要保證每日戶外活動二個小時。有的老師說，冬天天氣冷，孩子最近生病的比較多，所以減少或取消了戶外活動。我覺得如果遇到溫度低、大風、大雪、大雨、空氣污染嚴重，可以取消外出，但不能因為天氣冷或孩子生病就取消戶外活動。我自己辦幼稚園的時候，得到的經驗是，**越是讓孩子在戶外活動，孩子越不容易生病**。當然，感冒、咳嗽或有其他身體不舒服的孩子可以少到戶外去，但不能因為有生病的孩子，而讓健康的孩子也不能出去玩。對於院子很小的家庭園來說，每次外出，老師可以帶孩子走遠一些散散步，增加孩子的活動量。

9.老師在教室裡的聲音是否要小聲？

據我所知，華德福教育沒有統一的規定。通常在室內自由玩耍時，老師之間不要大聲交談，有事情的話，小聲或透過眼神示意。如果老師要對某個孩子說什麼，要小聲，壓低聲音是為了不打擾其他孩子的玩耍。

當老師唱歌召喚大家收拾玩具時，沒有必要小聲，就用平常說話的聲音即可。當老師唱：「快來加入我們的圓圈」召喚孩子做早晨的晨圈活動時，也要用平常的聲音，完全沒有必要壓低聲音。老師說話、唱歌或講故事，需要所有孩子聽見時，我贊同用平時很自然的聲音表達，確保每個人能夠聽見。有一次我看一位老師表演戲偶，她的聲音非常小，我豎起耳朵聽都很費力，事後我問這位老師，為什麼用這麼小的聲音講故事，她說：「這樣孩子可以專心聽講。」

我問資深華德福老師，如何看待這個問題？她說，講故事聲音太小，孩子反倒容易分心，因為太小的聲音容易導致人和人失去連接。對我來說，唱歌、講故事時，刻意壓低聲音會聽起來很不自然。如果是根據現場孩子的狀況，需要老師壓低聲音引起注意，或者故事情節的需要，講述聲音變小，那我完全贊同。

10. 室內自由活動時間老師要做些什麼？

在國外的華德福幼稚園，大多數沒有單獨的廚房，一切和吃有關的活動都在教室進行，諸如做麵包、麥片粥、餅乾之類的，而且他們吃的很簡單，不用提供午餐。即便瑞典的某間華德福園（本文提到的國外華德福園都是成熟的園，有著幾十年的歷史。）需要提供午餐，他們有一個廚房、一位專職廚師，為三個班級提供午餐，但他們一個班級十一個孩子，只有一位老師。這位老師也會很忙，不至於沒有事情可做。

中國的家庭園，一個班級配三位老師，有單獨的廚房，請一位專門的廚師，廚師在廚房做的準備，孩子通常看不見。在我參觀過的幼稚園裡，室內自由活動時間，大部分老師在做針線或織毛線，這些孩子也無法模仿，那我們的老師在室內活動時間，可以做些什麼？

可能的選擇是，第一，儘量把廚房的事情拿到教室裡來做，比如摘菜、切菜、和麵等。其次，可以擦玩具架子、桌子、椅子等。其三，可以清洗布娃娃、各種布料等，我發現有的玩具已經很髒了，沒有及時清洗。其四，為節日做準備，比如做些節日需要的手工、裝飾品，做些表演戲偶需要的道具等。其五，給孩子做玩具。其六，修補玩具。還有哪些可以做呢？大家一起來想吧！

11. 教室裡準備多少玩具合適？

有一年我去溫哥華的幼稚園參觀，發現班上的玩具不多，我問班導師，提供多少玩具合適？她說，要透過觀察來確定。如果有些玩具孩子很久不玩，可能是多餘的，老師可以拿走。如果有些玩具孩子玩耍時發生爭搶，就需要添加。其次，還要看收拾玩具的時候，在老師的帶領下，孩子是否能夠勝任？玩具太多，孩子沒有耐心收拾完畢。第三，要看老師是否有足夠的精力照顧好所有的玩具，如果玩具太多，老師照顧不過來也不行。除此之外，老師要每周檢查玩具，是否需要修修補補或洗一洗。

12. 午睡前是否需要講睡前故事？

我開始辦幼稚園後，發現一天下來，最困難的是哄孩子午睡，因為有些孩子精力旺盛，怎麼也睡不著，為了讓孩子儘快安靜下來，我們通常會講一個簡單的故事。一年後，Than老師來園指導，她說她一個故事都不講，睡覺就是睡覺。

我想到我曾去一間幼稚園觀摩，發現午睡前老師講了三個故事，我問為什麼要講三個故事？老師說，開始是講一個，可是孩子不滿足，還要聽故事，就講了二個故事。過了一段時間，又不滿足，講完二個故事還要聽，以致現在睡前要講三個故事。

我很贊同Than老師的意見，睡前一個故事也不講，睡覺就是睡覺。如果遇到特殊情況，比如陪同午睡的老師臨時換人了，為了讓孩子安靜入睡，可以講故事。如果老師沒有經驗，哄孩子午睡實在困難，也可以講故事，但講一個故事足已。

孩子難以午睡，原因有多種，可能晚上睡晚了、早上起不來，家長心疼叫醒孩子，讓孩子睡過了頭。或者可能上午的戶外活動時間和活動量不夠，孩子的精力沒有釋放完。另外，臥室的環境是否寧靜？窗簾是否拉好？我看到有的園臥室窗簾非常厚，拉上後房間裡很暗，以致於有的孩子感到害怕。我覺得先養成孩子進到臥室，保持安靜的習慣，不能奔跑、來回走動、不能大聲說話，還有老師自己是否準備好進入睡覺狀態？臥室是否保持整潔？

13.早上的晨圈活動，孩子圍不成一個圈怎麼辦？

很多華德福園會遭遇到晨圈問題，最常見的是很難讓孩子圍成一個圓，有時做著做著，有的孩子跑出圈外、有的孩子東倒西歪、有的孩子故意發出怪聲，班導師要繼續做晨圈，而助理老師顧了這個孩子，顧不了那個孩子。

晨圈在華德福園裡是個很重要的環節，參加培訓的時候，學員們很容易被晨圈裡優美的歌聲、悠揚的動作所陶醉，可是帶到自己的幼稚園裡，卻發現效果不佳，怎麼回事？對此我深有體會，有個園老師們唱的歌幾乎是天籟，太好聽了！動作也非常的優美，我被感動的淚眼濛濛，可是孩子們卻沒有被打動，他們該調皮的還是調皮。我覺得我們有些晨圈是否只是從成人角度出發，優美、悠揚、動聽、抒情，卻沒有考慮到孩子是否和我們一樣感受？觀察幼兒可知，他們喜好活動，他們還欣賞不了過於優美、抒情的歌曲。

我常喜歡在晨圈裡帶孩子唱：「園裡的番茄圓又大，躺著睡覺不說話，忽然來了個大狼狗，對準番茄咬一口……」也許按照常規的觀點看，晨圈裡應該有條線索貫穿始終，不該前後沒有關聯的加進一首這樣的童謠。但我的經驗是，這樣的童謠深受孩子們的喜愛，他們一遍遍說、一遍遍做，從不會擅自跑開。

綜合來說，我認為晨圈活動時，老師的聲音要有適當的音量，精神飽滿，讓每個孩子籠罩在歌聲裡。其次，晨圈的內容和音樂要符合孩子的需要，而不是符合成人的審美情趣。其三，老師對晨圈的內容要做到胸有成竹，如果邊做邊想下面一句是什麼，孩子很快能夠感覺到。其四，晨圈裡說的不要太多，要多些歌曲和動作。其五，動作既要有重複又要豐富多變。如果有個園做晨圈，先是圍好一個圓圈，班導師再搬出一張小桌子放在中間，擺上蠟燭、點燃蠟燭，念誦一首晨頌詩，然後開始晨圈。那麼多的說話、等待，孩子已經不耐煩了，再往下做，很快孩子就散了，東跑西跑。

14. 是否可以用剪刀？

有些資深國外華德福老師認為不能用剪刀，不過我聽同樣資深的另一位國外老師說，可以用剪刀。至於你的園裡是否讓孩子用剪刀，由你自己決定。我的看法是，需要的時候可以使用剪刀，比如剪線頭、為了節日慶典剪紙等。如果給孩子用剪刀，一定要在老師的控制下，以免發生意外，平時剪刀要放在孩子拿不到的地方。

15. 說故事時間是否一定要在上午？

很多家庭園的故事時間放在午餐之前，有位資深華德福園的老師說，因為西方的華德福園通常只有四至五個小時的在園時間，所以故事只能在上午講，但是中國的情況不同，孩子在園的時間將近九個小時，所以可以把故事放在下午講述。

16. 每周必須畫一次濕水彩嗎？

華德福園每周畫一次濕水彩，以前我認為是理所當然的，但是巴西華德福幼教聯盟代表說，她的園一年才畫六次濕水彩！我以為聽錯了，請她再說一次，一年六次，沒錯！她的班只有她一位老師，園裡有十六位三至七歲的孩子，每天上午她親自做孩子們的點心。她說畫一次濕水彩要做大量的準備工作，一年她只能帶孩子做六次，當然能夠多幾次更好。她反對幼稚園的小學化傾向，認為每天要有固定的主題活動。我說華德福園不是每周一濕水彩、每周二蜂蠟、每週烹飪……這樣安排嗎？她說她的每日主題是食物，吃什麼、怎麼吃才是每日最重要的主題活動，其他的主題內容是次要的，可做可不做。

每周畫一次濕水彩是對的，一年畫六次也沒錯，關鍵在於你自己來做決定。巴西華德福幼教聯盟代表說，雖然她的班每日主題活動沒有按照常規的華德福幼稚園那樣實施，但她非常重視圍繞節日開展的活動，比如為了母親節送給媽媽的禮物，她會帶著孩子提前四周開始準備，每天做一點手工。為了迎接耶誕節的到來，她也會提前三至四周開始準備。

17. 請不要打擾我的遊戲！

有的老師很困惑，當孩子投入地玩耍時，請他畫畫或做手工，他很不情願，這時該怎麼辦？有的資深華德福老師認為，該畫畫了，就要讓孩子放下手中的玩具。我曾經覺得小孩子，比如三、四歲的孩子，玩得很投入，不願參與畫畫或手工就算了，但是對於五歲以上的孩子，應該有所要求，不能隨他的心願。

資深華德福老師說，當孩子全神貫注遊戲時，那是人生最美好的時刻，我們為什麼要打斷？難道還有比遊戲更重要的事情嗎？在遊戲中，孩子學習人際交流，他們怎麼商量、怎麼邀請別人的參與，怎麼拒絕別人的請求、怎麼妥協，都事關未來的人際交往。如果說有什麼神聖的時刻，孩子專注於遊戲就是神聖的時刻。

看到孩子們沉浸在遊戲中，為了不打斷他們的遊戲，她會延長遊戲時間。收拾玩具時間不夠了，就吃完點心後收拾；晨圈時間不夠了，就臨時換一個短的晨圈。當然，如果這天孩子的遊戲狀況不佳，也可以提前結束玩耍的時間。她特別強調，一定要觀察孩子，根據孩子的狀況調整原來的安排，但點心時間原則上不變。

我的妹妹在美國的華德福園工作四年多了，最初的班導師非常遵守時間，幾點到了該做什麼就做什麼。後來的班導師，則會根據孩子的狀況來決定下個環節何時開始，而不是根據鐘錶。

18.最難忘的記憶

有位資歷二十多年的華德福幼兒老師說，從她幼稚園畢業的孩子已經長大成人，她曾問一位十五歲的孩子：「你對幼稚園記憶最深的是什麼？」孩子說：「老師你做的麵包太好吃了！」一位學者研究童年的最早記憶，發現是味覺和嗅覺帶來的記憶。那位老師已經素食二十五年，但每當聞到某種燉肉的香味，她馬上想起她的奶奶，那是記憶中奶奶煮食物的味道。

19.在安全和自由之間

在中國辦家庭園，老師大都有安全的擔憂，害怕有個閃失，家長索賠起來實在吃不消，況且家庭園還不能合法註冊。老師在園裡也就不得不強調，這裡不能去、那裡不能爬。在國外的華德福園，都是合法註冊的，雖然也存在安全問題，但由於社會保障體系比較完善，遇到意外事故，基本上幼稚園不用承擔法律責任。

無論如何，孩子的人身安全頭等重要，如果沒有基本的安全保障，千萬不要辦園！老師要經常檢查園裡和戶外的安全隱患。有位媽媽對我說，她原來是很熱心華德福教育，一心想把孩子送進附近的華德福園，在一次觀園後她猶豫了。她看到戶外活動場地上放著耙子，尖尖的齒朝上，她向老師提出後，老師滿不在乎，沒有及時收起來。

但是為了避免任何意外事故，有些人會對孩子更嚴加限制、過度保護，這樣反而也不好。我們能夠安然地生活在世上，要具備一個很重要的心理素質「自信」，即對自我的信心。我們出門，如果總是擔心是否會下雨？是否會地震？是否遇到車禍？我們心神不安，怎麼過日子？有信心的人，不會擔憂，如果下雨了、地震了、發生車禍了，沒有關係，總會有辦法解決的。這種對自身和生活的自信要從小培養，「你可以去試試」、「你可以去做」而不是「不行，你會摔下來的」、「不行，你不能做」如果孩子被過度的限制和保護，他怎麼建立對自我的信心？將來長大成人，怎麼能有良好的心理素質？

20. 保持環境的清潔衛生、整潔美觀

在西方國家生活，不僅華德福園是乾乾淨淨，走進任何一個家庭或任何一個公共場所，都是乾乾淨淨的，也許保持環境的整潔衛生已經成為社會的共識，而對於中國人還沒有達到這樣的共

識。在我參加過的華德福師資培訓和講座中，沒有一位國外華德福老師告訴我們，應該如何保持幼稚園的清潔衛生，也許他們覺得理所當然，不需要講了。

公立的幼稚園裡，保持清潔衛生是項很仔細、很繁重的工作，我知道有些老師很不贊成公立幼稚園的做法，用消毒劑、清潔劑來做清潔。但我們不能因為反對公立幼稚園過度使用消毒劑，而取消清潔衛生的工作，我曾參觀過一個園，飯前沒有擦桌子就擺上碗筷。我說：「那可不行！」即便不用消毒劑等，但至少要用清水擦桌子，這是最起碼的衛生！

孩子用過的擦嘴毛巾也要每天消毒，消毒的方式可以有很多種，放在陽光下曬二個小時也可以、用開水煮沸十多分鐘也行。為了環境保護，我也不贊成使用化學消毒的方式，我們可以想出許多同樣有效的替代方式。

21. 孩子來園總是遲到怎麼辦？

特別是冬天會發生這樣的問題，通常八點半開園，來園的孩子會遲到三十分鐘，甚至一小時也是常見的現象，老師們苦口婆心勸家長早些把孩子送來，卻都沒有用。這樣會對園內的老師造成困擾，老師必須不斷地停下手中的工作去接待孩子，干擾老師原本的工作，也影響孩子們的玩耍。

北京有個華德福園，八點半開門、九點關門。如果家長晚於九點到達，就帶孩子在外面玩一會，等到室內自由遊戲結束，再把孩子送來，這也是一種辦法。我們中國人常常覺得不好意思拒絕，難以開口，有位資深華德福老師建議，可以在入園前，把「按時到園」作為家長須知寫進去，請家長當面簽字，確保他們知曉。

22. 閉園時，家長、孩子不願離開怎麼辦？

說好下午五點閉園，但家長來園後，見到老師總想問問孩子在園裡的情況，或者想聊聊天，有時孩子玩得起勁，不肯回家，家長之間又開始聊天。這樣老師就得陪同，往往到了五點半也無法結束一天的工作。

有位資深華德福老師建議，家長來接孩子回家時，如果想知道孩子在園裡情況，可以再約時間。她說每周一早上，她會把一周的安排張貼出來告訴家長，這樣可以免去許多的口舌。有的家長建議給每個家庭發一份公告，她則回答：「為了節約紙張、保護環境，麻煩你自己看通告欄吧。」老師是普通人，需要學會保護自己，如果太勞累了，會影響照顧孩子。

23. 如何滿足不同年齡孩子的需求？

在英國愛貝幼稚園，班導師克勞迪婭（Claudia）用華德福的方式，來達到當地政府的辦園要求。她每天要給每個孩子寫報告、寫每周計畫、每學期計畫，她寫的計畫還要符合政府的要求，期末要給每個孩子寫評語。合法註冊的幼稚園要接受政府的要求，哪裡都一樣。

我在她的園觀摩了半天，晚上我到她家去拜訪，問她：「班上孩子的年齡不同，你怎麼滿足他們不同的需要？」她說在某些事情上會徵求孩子們的意見，例如下周一的烹飪活動，你們想做什麼？孩子們說想做檸檬餅乾。我會問需要哪些成分？今天戲劇扮演，我問孩子們，你們想在戶外做還是室內？他們想在室內，好的。怎麼分配戲劇服裝？一位孩子建議，可以把服裝放在箱子裡，蓋上蓋子，每個人伸手去摸，摸到哪件就穿哪件，這個主意非常棒！這樣的方式可以培養孩子的自信、自尊，大孩子看到自己的一個想法如何實現，小孩子學習怎樣說出自己的想法。

在園裡，大孩子還可以幫助小孩子穿衣、脫衣、脫鞋等。老師可以給大孩子多一些的事情做，比如擺放碗筷、收拾桌子、搬運東西等。我們在樹林散步時，我還會告訴大孩子這是什麼樹。在班上我會問今天多少孩子？多少成人？總共多少人？

孩子是我們的未來，幼稚園裡學到的分享、遵守的規則，會影響人的一生，比如爭搶玩具這件事，能在老師的慢慢引導下，孩子開始懂得學會等待、商量、分享。

24. 如何滿足男孩子的需要？

男孩子通常力氣大、精力旺盛，四歲之前，男孩和女孩的差異還不是很明顯，到了五歲左右，男孩明顯比女孩好動，華德福園裡的娃娃、動物、小木塊等，不足以挑戰他們的力氣。我在英國的華德福園看到，上午的室內遊戲，有幾個精力太旺盛的男孩，老師就讓他們在戶外活動。

我曾在一個華德福園看到有十個大沙袋，男孩們搬來搬去，疊起來站上去，可以玩出各種花樣，我讚歎老師給孩子們提供的沙袋，沒想到老師說是看我的書上學來的。我想起來，美國的卡洛琳老師來園指導時，她建議我們做大沙袋，我們做了四個，結果孩子們玩得很好，他們還把沙袋放在背上在地上爬。但做了十個大沙袋、四個的效果又有不同，此後，我去別的園會強烈建議給孩子做十個大沙袋，還可以做一些不同尺寸的沙袋。沙袋裡面裝沙子非常重，但又很安全，老師做的時候會用三層布，確保沙子不會流出來。

小的時候，我需要幫助家裡搬運煤球，住在農村的孩子需要幫助家裡做很多工作，比如撿柴。現在我們的生活太舒適了，想找點需要些力氣的事情給孩子做，絞盡腦汁還想不到。我想到幼稚園訂購的米麵蔬菜送到門口，可否請大男孩們把它們送到廚房？其他能夠滿足男孩的活動有哪些，也可以請大家一起來想。

25. 在自由和規則之間

中國許多華德福園，是由於不滿現行的幼稚園對孩子管制太多，家長和老師才辦起了華德福園。在帶班時，他們不知道何時該對孩子有所約束，生怕傷害到孩子，例如室內自由遊戲時間，孩子們四處奔跑、高聲喊叫，老師管了這個管不了那個，他們很困惑，究竟要給予什麼樣的界限，又要怎麼給？

我看到國外華德福園的孩子是懂得遵守規則的，他們不會在教室裡大聲喊叫、四處奔跑，我建議國內的老師先考慮一下教室的佈局，因為如果空間太大，本身就會誘惑孩子四處奔跑。我寫的《空間佈局》，就是對此有感而發。其次，老師要對自己的行為有所約束，孩子的日常生活會比較有規律。其三，孩子在教室裡的哪些行為是容許的，班上的老師要達成共識，比如不傷害他人和自己，不損壞玩具和物品等等。

教室裡是否可以大聲喊叫？我認為原則上不可以，但如果孩子是在遊戲中喊叫，那可以容許，可是如果持續不斷的喊叫，老師還是需要提醒、制止。是否可以奔跑？我認為原則上不可以，如果孩子是因為遊戲的需要而奔跑，可以容許，但如果沒完沒了的跑來跑去，即便是遊戲，也需要老師轉移他們的注意力。

制止一個行為的方式有多種，比如轉移注意力。孩子正假裝是一匹馬四處奔跑，老師可以說：「跑累了嗎？我這裡有清涼的水，快來喝一口。」特殊情況下，老師則可以用嚴厲的聲音，來制止孩子的某個行為，比如遇到危險。同樣一句話，出於愛的嚴厲、出於控制的嚴厲，孩子內心的感受會截然不同。

那麼孩子說髒話怎麼辦？可以請他在一旁坐一會，或者帶他去另一個房間，讓他說個夠。反正老師要做出反應，教室裡原則上不許說髒話。細分起來，髒話有不同的程度，孩子的年齡也不同，老師處理起來也要靈活，不要對孩子批評說教。

26. 老師要以身作則

一位園長對我說：「園裡的一位老師，接受過好幾次的華德福幼師培訓，可是在班上，卻當著孩子的面剪指甲、接聽手機，這是怎麼回事？」我聽了心裡很不安。身為一名老師，怎麼連基本的職業規範都沒有？在華德福的幼師培訓中缺失了什麼？還是這位老師太特殊？

華德福教育要求老師在班上，就要像演員站在舞臺上，因為老師的一舉一動，孩子會看在眼裡、記在心裡，他們還沒有分辨是非的能力，全盤接受周圍環境帶給他的一切。是不是這位老師在接受培訓時沒有認真聽講？或者學到的華德福教育，沒有和每日的真實生活聯繫起來？我回憶自己接受的華德福培訓，好像沒有提到過教室裡，哪些老師的行為是不容許的。我們經常面對的是孩子行為不端怎麼辦？怎麼沒有想想，老師在班級的行為舉止應該如何？外在的行為是內心的表現，工作中做自己的私活，這時老師的心不在孩子身上。

你不希望孩子做的事情，自己就不能做；你不希望孩子說的話，自己就不能說。要成為一名稱職的老師，首先要自我教育，要不斷地自我反省。如果我們缺乏把理論落實到行為的能力，是否需要制定一個教師行為守則？

27.什麼是華德福教育的本質？

每個班級的孩子情況不同、老師也不同，遇到問題並傾聽別人建議的同時，我們不妨自己去嘗試解決。比如午睡問題，沒有標準答案，我們試試這個方法、試試那個方法，總能找到最適合自己情況的解決途徑。有次我聽一位老師抱怨班上一位孩子總是哭哭啼啼的，我不知道怎麼說，因為無條件的接納每個孩子，不是成為幼稚園老師最重要的素質之一嗎？

以上涉及到的27個問題，絕大多數沒有現成的答案，可見華德福教育是沒有框架限制的，它是鮮活的、流動的、富有創造性的。如果把不許用剪刀、每周一次濕水彩等，作為華德福教育的標準來執行，勢必把華德福帶入一條死胡同裡，可是一位資深的老師這麼說，另一位資深的老師又那麼說，我們該怎麼辦？究竟聽誰的？關鍵在於我們如何把握住華德福教育的本質。

北美華德福幼教聯盟主席蘇珊•霍華德，列舉了華德福教育的9個方面的本質，大家可以對照以下九個方面，審視自己的園有哪些需要改進的地方，我們的目的唯有一個「為了孩子的身心健康」。

1. 愛與溫暖。
2. 對環境的關注與對感覺的培養。

3. 具有創造性與藝術性的體驗。
4. 值得兒童模仿的有意義的成年人行為。
5. 自由的、充滿想像力的玩耍。
6. 對童年的成長力的保護。
7. 感恩、敬畏與好奇心。
8. 快樂、幽默和幸福。
9. 成年人是在內在發展的道路上。

華德福格言：

每個班級的孩子情況不同、老師也不同，遇到問題並傾聽別人建議的同時，我們不妨自己去嘗試解決。絕大多數沒有現成的答案，可見華德福教育是沒有框架限制的，它是鮮活的、流動的、富有創造性的，解決問題的關鍵，在於我們如何把握住華德福教育的本質。

0～7歲華德福教育

Waldorf Education for children ages 0-7

作　　者	吳　蓓
總 編 輯	陳郁馨
副總編輯	李欣蓉
編　　輯	陳品潔
行銷企畫	童敏瑋
封面設計	李京蓉
社　　長	郭重興
發行人兼出版總監	曾大福
出　　版	木馬文化事業股份有限公司
發　　行	遠足文化事業股份有限公司
地　　址	231 新北市新店區民權路 108-3 號 8 樓
電　　話	(02)2218-1417
傳　　真	(02)8667-1851
Email	service@bookrep.com.tw
郵撥帳號	19588272 木馬文化事業股份有限公司
客服專線	0800221029
法律顧問	華洋國際專利商標事務所　蘇文生律師
印　　刷	成陽印刷股份有限公司
二版一刷	2017 年 12 月
定　　價	340 元

國家圖書館出版品預行編目 (CIP) 資料

0-7 歲華德福教育 / 吳蓓著 . -- 二版 . -- 新北市 :
木馬文化出版 : 遠足文化發行 , 2017.12
面 ;　公分
ISBN 978-986-359-463-5(平裝)

1. 學前教育 2. 教學法

523.23　　106020562